數位語藝
理論與實踐

秦琍琍　主編

李佩霖　李長潔　沈孟湄

胡全威　秦琍琍　費翠　著

五南圖書出版公司 印行

序

　　撰寫這本書的初衷，其實是緣起於當代語藝研究的新常態。「新常態」（the new normal）一詞雖在新冠肺炎疫情時期備受矚目，但是回到 Peter Hinssen（2010）十年前書中所講的新常態概念，主要在剖析社會組織如何因應並跨入數位時代，因為數位化並非侷限於科技層面，而是早已滲透並融入我們的日常生活與文化中。[1] 隨著數位匯流與媒體科技的進步，當代語藝學發展也早已超越亞里斯多德「說服的藝術」之說，數位文本打破固著的媒體符號關係，透過多元媒介與多模態媒材的融匯，承載著更多語藝意圖，在政治、經濟、文化和各項重要的社會議題與場域中，產生強大的溝通影響力。

　　因此早在數年前，我們從重新閱讀幾本重要語藝書籍的讀書會開始，透過閱讀和討論，一方面回顧語藝學門的過去歷史、概念演進和當代應用；另方面思考和共構如何呈現當代語藝研究和實踐的新常態。於是在 2018 年的中華傳播學會年會上，我們組成了一個「數位時代語藝之跨界與溝通」專題論壇，由蔡鴻濱、沈孟湄、費翠和李長潔等幾位老師發表論文，請到王孝勇老師進行評論。這次的發聲與對話，攪動了新一波的思維，也埋下了日後出版此書的種子。

　　本書共分十章，分別由目前任教於兩岸的六位作者所撰寫，從第一章討論數位時代的語藝研究與實踐開始，漸次觸及傳統語藝學、視覺文化、口語表達、公關廣告、表演藝術、社群媒體、電玩遊戲以及公共領域等多元主題，方方面面的回應數位語藝的當代樣貌，並深入探討數位網絡技術如何影響語藝學的理論發展、研究方法和日常實踐，為當代語

---

[1] Hinssen, P. (2010). *The new normal: Explore the limits of the digital world.* Gent: Across Technology.

藝研究開啟新方向，也為數位媒體提供新的思維，更為二十一世紀的群我溝通提供了豐富的可能性。因此，這不僅是一本適合初學者邁進語藝學門檻的指南，也適合對於新媒體（或社群媒體）和語藝實踐有興趣的進階者參閱。

從讀書會到書籍出版，一路走來的總總感受，細心的讀者或許能從某些章節的字裡行間窺出，然而在數位科技滲透下的當代語藝研究新常態，並不意味著只是一個虛擬時間和物理空間的過渡階段，而是一個正在進行與形塑的「當下」，也因此，這本書想捕捉的並非只是一般教科書制式的往返於傳統和現代間（數位）語藝學理論的說明，也包括了每位作者在面向數位時代時，其自身感知、教學經歷、研究思考和論述行動的一種語藝展現。若是用心體會，相信每個章節都會帶出新的洞見和啟發！

秦琍琍

目　錄

第一章

數位時代的語藝研究與實踐

秦琍琍

　　從「說得好的藝術」、「透過語言影響靈魂的藝術」，到「經由語言和論證引領人們追尋眞理的藝術」，幾個世紀以來，語藝學（rhetoric）的定義常在技藝與藝術、詭辯與眞理、口語和書寫、乃至文字與圖像間擺盪著。當代語藝學發展早已超越亞里斯多德（Aristotle）「說服的藝術」之說，而隨著數位科技從二十世紀末至今快速發展，影響並翻轉了社會文化與溝通形態，數位科技帶動媒體匯流，軟硬體技術的進步和平板電腦與智慧型手機的普及，也推動行動閱讀的需求及數位內容市場的快速成長，人們對於網誌、微網誌、影音平台、網路電視、社交網站等倚賴日益加增，承載著更多語藝意圖、影音與動態效果，以及豐富互動性的數位文本（digital text），也益發具有說服影響力。

　　打破固著的媒體符號關係，數位科技讓各種媒介與媒材融匯一起，數位文本提供多元資源，衍生其他表述形式以協助意義的建構，像是互動及回饋設計、多媒體、網絡超連結、相異模組形態等（Ryan, 2004）。這樣的發展不僅衝擊到傳統以口語或書寫（印刷）文本爲研究與實踐主軸的語藝學，也促使近代學者在運用「電子語藝情境」（Welch, 1999；沈錦惠，2009）來勾勒現下超文本（hypertexture）、多模態（multimodality）和跨媒性（transmedialtiy）的數位語藝時，需進行更完整且深入的理解。

　　今日，人們通過網路或社群媒體進行溝通互動，可以分享主張、提出社會議題、爭取認同，甚至影響他人的意向。語藝觀點不僅凸顯了「人」和「語言符號」的角度（林靜伶，2014），更精準的說，是彰顯了「人」作爲語藝的行動者，運用「語言（和非語言）符號」來進行各種溝通目的之語藝行動（王孝勇，2018；沈錦惠，2007）。新世紀語藝學的研究與實踐，正經歷深刻的變化，無論我們敘說或是書寫，都涉及社群文化的建構與意義的形塑，因此，數位語藝確實爲傳統語藝學注入了新的契機，但是要將歷史久遠的語藝研究運用在數位媒體環境中，也面臨了新的挑戰與衝擊。

　　從語藝到數位語藝，無論從理論的後設思考或是實踐的行動邏輯來看，雖然多數學者是從「語藝」和「數位（科技）」兩個面向的整合，開展思維與討論（見Eyman, 2015; Hess & Davisson, 2018; Zappen, 2005等），但數位語藝的本質並非只是單純的「語藝＋數位」之「加總」關係。若從「擴散」、「滲透」與「展延」等概念來辨證兩者間的關係，或許更能彰顯語藝學的本質和貼近數位語藝之功能。本章的討論植基於此，主要目的有三：(1)從語藝（學）本質、發展與實踐的討論中，檢視跨入數位時代語藝開展所面臨到的挑戰和新契機；(2)從「擴散」、「滲透」與「展延」等關係辯證數位語藝的不同觀點與定義，並析論數位語藝與當代語藝理論接合的幾個重要議題；(3)從檢視數位語藝所強調的重要概念中，進一步反思數位語藝與公共溝通，以及與大眾文化的構連和實踐，以對學術研究和實務運用提出建議。

第一節　語藝學的本質與實踐

　　英文「rhetoric」常被譯作窄意的「修辭」，臺灣傳播學界則多沿用林靜伶（1993）等所倡，以中文「語藝」呈現包括了修辭在內的豐沛之理論和實務意涵。林靜伶（1993）也具體說明「語藝理論」（rhetorical theory）乃是對語藝作一系統性和本質上的探究；而「語藝實務」（rhetorical practice）是指任何透過語言達到說服目的之公共行為。此一說明雖展現出語藝的特色以及成為一個學科（subject）的可能性，但從實踐、功能到理論的後設思維來看，語藝一直有著「語藝是辯證的對應」、「語藝是說服」、「語藝提供了進行政治辯論的一個方法」、「語藝是人類符號表現的行動」，以及「語藝是一種觀點」等多重定義。Bizzell和Herzberg（2000）就曾

說，語藝學有著複雜且悠久的歷史，與其只是給出單一的定義，不如試著理解這些經年累積下來的定義是如何形塑與影響著這個領域。

語藝學（rhetoric）的歷史發展，最早可回溯到西元前四、五世紀古希臘時代。一般多將蘇格拉底（Socrates）、柏拉圖（Plato）和亞里斯多德（Aristotle）等希臘三哲與智辯士（sophist）對於語藝的討論，視為是語藝發展的起點。當時最常展現語藝的日常生活舞臺，主要是在法律的攻防、政治的論辯，以及典禮的演說等三大公共場合。其時希臘城邦發展出來的雅典式民主制度，也提供了語藝發展的沃土，無論是技巧的（technical strand）、詭辯的（sophistic strand）或是哲學（philosophical strand）的語藝都尋找到生存的空間（Kenney, 1980；林靜伶，1993）。

多年來，人們雖然對於何謂語藝有所歧見，甚至對語藝有著正反評價，但無論古典時期被認定是說服的藝術而聚焦在探究公眾性的口語論述，或是近代更寬廣的視其為研究人們如何透過不同方式運用符號建構特定真實的學說，語藝學的範疇主要是指發生在公共領域中，具有高度目的性、結構性，以及溝通角色鮮明的傳播行動（Scott, 1975）。

語藝研究大約可分為幾個重要的時期（Foss, et al., 2002; Kennedy, 1999; Trenholm, 2008；林靜伶，1993；秦琍琍等，2010；王孝勇，2018）：

1. 古典時期主要指西元前五世紀起的希臘與羅馬時期，在古希臘時期（The Ancient Greece），口語為人們主要的溝通方式，語藝除用於說服的實踐外，另一重要目的乃為發現真理（the discovery of truth）。除了柯瑞斯（Corax）和提斯亞斯（Tisias）兩師徒被視為是最早的語藝教師外，柏拉圖、亞里斯多德、西塞羅（Cicero）和昆體良（Quintilian）等人皆為重要人物。柏拉圖為西方最有影響力的思想家，對於古希臘時期以教授語藝與辯證為生的智辯士多所批評，主要原因在於柏拉圖相信超驗真理（transcendent truth）的存在，認

爲語藝的價值乃在透過辯證來探究眞理與知識。亞里斯多德則將語藝視爲是由論辯與訴求所組成，而這個組成必須植基於言者與聽者共享的前提上，在其名著《修辭學》（Rhetoric）中，把語藝定義爲在任何既定的情況下，發覺所有可運用說服方法的藝術，並提出言說者應運用邏輯說之以理（logos）、使用情感動之以情（pathos），並兼用誠信的人格服之以德（ethos）等訴求方式說服聽衆。西賽羅則企圖結合語藝與哲學，發展出比之前語藝學者更完整的風格概念。昆體良則是引用柏拉圖、亞里斯多德、西賽羅等人的著述與論點系統化其著作，成爲中古世紀教育理念的最重要來源之一。在此時期中，語藝擴張了人的思維，而語藝的五大要素（five canons of rhetoric），像是創作（invention/inventio）、組織（arrangement/dispositio）、風格（style/elocutio）、記憶（memory/memoria）與發表（delivery/actio/pronuntiatio）等，可說是最早的傳播模式。

2. 中古世紀（the Medieval Period）到文藝復興時期（the Renaissance），則由於西方獨尊基督教，語藝爲服務教會主要有信件書寫與傳教兩項功能，傳教士除需能闡釋上帝的話語外，亦要能傳講上帝的話語給信衆。此時期最重要代表人物爲聖奧古斯丁（St. Augustine），其致力於瞭解此傳播的過程，認爲人們是透過符號來溝通，而符號分爲由上帝所創造的自然符號（natural signs）和由人們所創約定俗成的符號（conventional signs）。就整個黑暗時期來說，語藝雖是人文教育的一個學門，但仍是偏重實用的取向；而文藝復興時期促使人文主義興起，對語藝的發展提供了新的契機，語藝學至此有了更爲豐厚的內涵。

3. 啟蒙時期（the Enlightenment period）由於民主思想萌芽，公衆演說與辯論更顯重要，當代知識的思維也啟發了學者如John Locke、George Campbell、Hugh Blair和Richard Whately等人。近代語藝（modern rhetoric, 1600-1900 A.D.）發展包括了認識論的取徑（epistemological approach）、文學的取徑（belletristic approach）

以及演說術的取徑（elocutionary approach）等三個軸線。其中認識論的語藝發展，結合了當代心理學知識，致力於瞭解溝通者、訊息與說服過程間的關係，此學派透過對人類心理與思維過程的強調，企圖為人類傳播立論奠基，代表人物如George Campbell和Richard Whately等；至於文學的語藝，則發展出現代文學批評與語藝批評的基礎，Hugh Blair為最著名的代表；而演說的語藝，延續的是技術、詭辯的語藝傳統，關心的是聲音控制與演說技術問題，代表人物有Gilbert Austin和Thomas Sheridan等（Foss, Foss, & Trapp, 2002, 2014）。

4. 進入二十世紀的當代語藝學，隨著人類社會、政治與科技的各種演變，一方面回應著逐漸被窄縮為文體技巧和修辭比喻的學門侷限（朱元鴻，1993）；另方面應對著尼采（Nietzsche）知識論中對於客觀真實的質疑（Bizzell & Herzberg, 2001）；三方面結合當代語言學轉向與語言建構真實的思潮，讓語藝擺脫「僅僅是修辭」（mere rhetoric）的譏評；四方面則是從現代性到後現代的擺渡中，透過語藝學和詮釋學的「重新發現彼此」（Tracy, 1997），Bizzell和Herzberg（2001）認為，當代語藝理論側重知識的起源和狀態，而且深受傅柯（Foucault）、巴赫汀（Bakhtin）和德希達（Derrida）等哲學大家們，對於語言（language）和知識（knowledge）間關係學說的影響。

蘇格拉底視語藝為一「透過語言影響靈魂的藝術」（an art of influencing the soul through words），柏拉圖則指出此影響靈魂的藝術即是追求真理的知識。事實上，當代所謂的理性知識或是心靈信念都是說服的產物，而這些都跟意義的建構（meaning-making）以及情境（或是語境）（context）相關。如此，則無論語藝是符號表徵的溝通行動、是一種分析方法、是一種說服的策略或是一種觀點，其力量或價值的展現都不再受制於特定的媒介或形式，也就是說不受制於口語／書寫、傳統媒體／新媒體或是文字／圖像的限制。

語藝學的發展從古典時期關心人們如何在公共情境進行有效的言

說（林靜伶，2004），到近代被視為是使用符號建構眞實的溝通行動（Foss et al., 2002），語藝理論和實踐關注的核心，在於說服性的符號行動（persuasive symbolic action），因為人類乃是創製／使用／誤用符號的動物，有說服的地方就有語藝，有意義的地方就有說服（Burke, 1969, 1973）。從語藝到數位語藝，從說服到認同，其本質都不脫透過符號表徵的使用，建構共享眞實的語藝社群。此一本質的掌握，讓數位時代的語藝開展雖有挑戰，卻仍有著昂然生機。

第二節　數位語藝的觀點與定義

一、數位語藝的觀點發展與定義

「數位語藝」（digital rhetoric）一詞，最早見於Richard Lanham（1989）發表於研討會及其後所出版的〈數位語藝：理論、實踐和屬性〉文中（見Eyman, 2015; Hess, 2018; Losh, 2009），而在之後的另一本書中，Lanham（1993）不僅提出數位電腦（digital computer）和電子文本（electric text）異於傳統語藝的況味，更彰顯視覺面向的重要性。接續其後的幾篇相關研究，如Landow（1994）、Moulthrop（1994）和Bolter（2001）等文，則進一步強調超文本組構與形塑新溝通環境、溝通素養和一種塊莖式知識論（rhizomatic epistemology）的潛力（Hess, 2018）。這些論述凸顯數位科技中的數位文本或是超文本，形塑出科技與社會體交織的空間意義，乃是一種語藝行動和數位文本共在（co-presence）的互相「擴散」（diffusing）。

雖然早期論述多是從數位的語藝面向（the rhetoric aspects of

the digital）進行，Welch（1999）則是從語藝的數位視角出發（the digital aspects of rhetoric），從對古典語藝學的關注開始，用電子語藝（electric rhetoric）勾勒出數位時代中語藝、溝通素養和科技的交會現象，並運用視覺語藝（visual rhetoric）和螢幕素養（screen literacy）等概念，描繪電子媒介與網路化的螢幕和視頻，構連了口語和書寫印刷的素養，彰顯當代網際網路和科技發展下的電子語藝（electric rhetoric）情境中，教育學習和公民參與的重要性。

　　二十一世紀前期，幾篇重要的論文亦陸續為數位語藝奠基。像是Gurak（2001）在《網路素養》一書中指出，網路溝通並非是指技術的運用，而是有意識地進行網上的溝通，其後並與Antonijević合作，運用古典語藝的相關概念討論數位語藝和公共論述在當代的運用與影響力（Gurak & Antonijević, 2009）；Zappen（2005）在〈數位語藝：朝向一個整合性理論〉文中，則企圖將傳統語藝策略中說服的功能，延展轉進至數位空間，透過數位新媒體的特性，建置一個整合性的語藝理論，並指出(1)使用語藝策略產製與分析語藝文本，(2)識別新媒體的特性、作用和限制，(3)形構數位認同，以及(4)建構社群的可能性等四點，實為數位語藝研究的關鍵（Eyman, 2015；蔡鴻彬，2016；曹開明、黃鈴媚、劉大華，2017）。

　　Warnick（2007）的《線上語藝：全球資訊網的說服與政治》，關注古典語藝理論和政治論述在數位新媒體上的運用，透過對網路政策討論的個案研究，提出檢視線上文本與數位語藝的三個面向，主要為可性度（ethos）、互動性（interactivity）和互文性（intertextuality）；Bogost（2007）則在《說服性遊戲：電玩遊戲的展現力》一書中，視電玩遊戲為數位文本，以電腦和程式運算為核心，發展出過程語藝（procedural rhetoric）的分析架構（李長潔，2020）；Losh（2009）更在其《虛擬政治》一書中，從日常數位新媒體的使用、政府機構的公共論述、電腦數位媒介的研究領域、人們線上溝通相關的資訊科學等幾大面向上，具體描述數位語藝的跨領域範疇；而

Brooke（2009）的《通用語：邁向新媒體的語藝》一書，則側重在新媒體的語境中，延展並媒介化創作（invention）、組織（arrangement）和發表（delivery）等語藝要素的闡釋。

　　臺灣學者沈錦惠（2007）所著之《電子語藝與公共溝通》一書，受Welch等人之影響，將電子語藝視為是公共溝通的空間與新情境，在此空間中結合口語和書寫的電子媒介，不僅打破既有物理性和地理性的空間固著，也形塑人類的認知與溝通模式（頁53）；而人們則是在此情境中的符號行動者，應具有務實的智慧（頁186），和自身、他人與生活的世界不斷對話。其強調的是經由電子語藝所構連的口語與書寫、自我與社群，以及觀眾與公眾的當代公共溝通。

　　植基於前述的研究與探討，Eyman（2015）認為數位語藝（digital rhetoric）從分析方法或是實作啟發來看（as analytic method or heuristic for production），可以簡單的定義為「運用語藝理論於數位文本和展演中」（The term "digital rhetoric" is perhaps most simply defined as the application of rhetorical theory to digital texts and performances.）（p.44）。其書雖從理論、方法和實踐三方面，論證數位語藝源於古典語藝學，卻也認為數位語藝的定義不應該被單一理論或框架所侷限，而應該被視為是一跨學門領域。因此繼前述Zappen（2005）所提數位語藝研究的四點外，Eyman再補充四點以闡述其內涵與含括之活動：(1)科技語藝（rhetorics of technology）的研究與發展，(2)運用語藝分析並揭示數位作品中的意識形態和文化形構，(3)對網絡／路（networks）語藝功能的檢視，(4)當數位軟體替代人們互動時能動性理論的建立（theorization of agency）（Eyman, 2015, p.44）。這樣的補充，讓數位語藝從古典語藝出發，漸次「滲透」（permeating）到數位素養、數位認同和能動性、乃至數位科技和新媒體等的研究場域中。

　　Eyman（2015）雖指出傳統語藝五大要素與數位語藝的差異所在（參照蔡鴻濱，2016），但我們亦可視為是原則而非準則的從這五

個面向出發，進一步思考數位語藝情境的實踐（見表1-1）。

表1-1

要素	古典定義／使用	數位實踐
創作 invention	找出可用之說服方法	網路資訊的搜尋與協議；多重模式（multimodal）和多媒體（multimedia）工具的使用
組織 arrangement	格式化的組織	選擇既成作品，透過數位媒介的操弄重構成新品；再混製（remixing）
風格 style	裝飾／合適的形式	瞭解設計元素（如色彩、動畫、互動性、字體選擇、多媒體的適用性等）
記憶 memory	演說文本的背誦	資訊識讀——知道如何儲存、擷取和操作資訊
發表 delivery	口語表達	瞭解並使用科技傳輸系統

資料來源：Eyman（2015, p.65）；蔡鴻濱（2016）。

Hess（2018）則更為全面的指出「數位語藝乃是研究被數位科技所產製、展現或經驗的語言、身體、機器和文本所進行的意義建構、說服或認同」（Digital rhetoric is the study of meaning-making, persuasion, or identification as expressed through language, bodies, machines, and texts that are created, circulated, or experienced through or regarding digital technologies.）（p.6）。這種多元文本形式的意義建構，乃是透過數位科技多重展現的描述，不僅打破口語／書寫、傳統媒體／新媒體或是文字／圖像的限制，更體現出數位社會中人們生活的樣貌。此種「展延」（expanding）的思維，除打破了語藝與科技的二元對峙，勾勒出人（語藝行動者）—科技—世界的交織過程，也暗示著從語藝到數位語藝，非因與時俱進的線性演進，而是一種不囿於時空限制、循環往復的「復現」或是一種相互滲透與擴散的「轉化」。

　　隨著數位語藝的發展進入第三個十年，美國印第安那大學於2015年舉辦了一場數位語藝的研討會，相關討論與文章亦於翌年Enculturation期刊中，以「數位語藝的觀點與定義」為專題發表，研討會和專刊其實並未對「數位語藝的定義」達成共識，然而也正因為數位語藝涉及的學門領域和知識傳統的多元分殊，使得理論家和實踐者能夠從多個面向共構、創新並解決問題。

🌳 二、數位語藝與當代語藝理論接合的重要議題

　　儘管數位語藝涉及的學門領域和知識傳統多元分殊，Eyman（2015）指出其與當代語藝理論接合的三個重要議題乃為數位語藝情境（rhetorical situation）、數位語藝認同（rhetorical identity）與數位語藝網絡的運用（network rhetorics）（p.74）。

　　1. 語藝情境（rhetorical situation）猶如鏡頭般將特定的語藝行動框架起來，Bitzer（1968）認為，語藝本身是對於特定情境的需求或迫切性的回應，語藝情境包括緊急狀況（exigence）、聽眾（audience）和限制（constraints）三個要素，換言之，語藝行動是情境的，而情境是能限束人的（蔡鴻濱，2016），此觀點乃是將因為緊急狀況而產生的情境視為源頭，語藝則只是在此迫切需求中回應的存在；然而Vatz（1973）則認為，情境並非自外於語藝所存在，語藝情境是感知的產物，是言說者透過語藝論述所構築起來的；而Consigny（1974）則是提出，言說者可以依其需求，透過語藝創作（rhetorical invention）的技藝運用，發現或是創造情境，情境固然並非自外於語藝所存在，但言說者亦無法自外於此，僅單單憑藉著語藝構築起情境脈絡的。

　　無論如何，前述幾位的說法，都未能有效解釋數位文本脈絡與動態情境的現況，於是Krause（1996）從後現代性的觀點，提出瞬時性和瞬時的語藝情境（immediately & immediate rhetorical situation）以解構傳統語藝的框架，並給予特定情境中話語更多樣、流動和動態的解讀，這種透過網路所呈現的後現代景況，無疑對時間、空間和多樣的自我認同，提出了質疑和裂解。Edbauer（2005）則用語藝生態的概念取代語藝情境，她強調語藝情境是在人們的實際意識和情感結構的社會網絡中運作，因此，公共語藝是在效果（effects）、行動（enactments）與事件（events）的生態系統循環中，同時具有歷史和運動（history and movement）的面向。此說，一則解掉了情境（situation）字面上意指位處於某處（place）的固著性，另方面也解除了之前對於語藝情境傾向於將其分解為觀眾、緊急事件、約束和文本等部分的理解，語藝生態乃為一種開放與動態的空間（space），此一既是形塑當下又是持續流動的過程，讓網路互文、互動以及共創的特性得到有力的支撐。Pashaei（2010）在其碩士論文中，即應用其理論研究穆斯林身分和習俗的部落格，體現數位語藝情境乃是持續性的社會流動（ongoing social flux）（p.12）。

　　2.認同是一種社會政治建構，具有不斷變化的性質，當代數位語藝認同（rhetorical identity）聚焦於網路硬體、軟體和網路特性（包括限制）如何在網路（社群）中形塑、標註或是被塗銷。雖然學者對於線上與線下的身分認同（identity）有不同討論，但「身體」（body）有著社會性，身體在場，某種身分就得以確認，因此，身體也是權力關係運作的場域。在缺乏實體身臨的數位電子互動中，不像Turkle（1999）強調「去身體化的在場」（disembodied presence）所帶來的矛盾，Eyman（2015）認為數位形式的身體，乃是一種抵制實體與虛擬分離的論述形構（the body—especially in digital form—is a discursive formation that resists the dissociation of the physical and the virtual）（p.78），此說界定了數位網路空間中的身體位置，從而讓數位語藝得以在網路（networks）與介面（interfaces）中描繪斷裂的身分和權力的運作，進而讓族群、性別與階級等各種身分認同的探究成為可能（Johnson, 2016）。

3. 網絡（networks）是新的複雜社會空間，既可透過語藝建構，又是持續形塑關係和形構內容的生態實體（ecological entities），其物質性和體現（materiality and embodiment）（Eyman, 2016）正呼應著Hayles（1999）所說的後人類時代，虛擬身體的多重想像和建構，並非只在電子和數位網絡中，社會和文化網絡也影響權力運作和真實的建構，因為真實和虛擬的區別已在新介面的出現、穿載技術的發展和無處不在的電腦運算中逐漸消融，數位語藝亦提醒人們對於非技術面的權力關係、產製者與使用者的勞動，以及族群、性別和階級等議題的注意。除此之外，當今網路擬人化與智能化的發展，非人類的行動者或軟體往往成為人們身分的代理者，這些新興的網路實務也都與身分建構有關，更可能影響人們的信譽、形象和日常生活。

第三節　數位語藝、公共溝通與大眾文化

一、數位語藝的要素

數位語藝將傳統語藝展延至數位情境和多元平台，其功用包括了說服、告知、啟發、乃至娛樂等，在當代數位媒體匯流與虛實整合的日常環境裡，無論是教育、政治、組織與工作職場、娛樂產業或是社會運動等範疇，都大量運用到數位語藝。Gurak和Antonijević（2009）從電腦中介傳播（Computer-Mediated-Communication, CMC）到網路研究（internet studies）的數位傳播談起，指出植基於傳統語藝的創作（invention）、組織（arrangement）、風格（style）、記憶（memory）與發表（delivery）等五大要素（five canons of rhetoric）上，數位語藝更要注重速度（speed）、觸及

（reach）、匿名性（anonymity）和互動性（interactivity）等四個重要概念：

1.速度（speed）是數位論述的主要特徵。網路讓文字、圖片、視頻、藝術作品，以及各種多媒材合成物的文本，以前所未有的速度轉發傳播著。指鍵一按立刻傳送，速度對於語藝的功用和實踐產生莫大影響，人們的論證發想（arguments inventing），可以在極短的時間內傳遞給更多更廣的受眾，而內容除了如Ong（1982）所說「二度口語」（secondary orality）般融合書寫與口語外，傳播的冗贅性、可重複性以及語氣的隨意性皆大為提高。Welch（1990）也認為隨著電子技術的發展，語藝傳統五大要素中的發表（delivery），將更需要兼顧到即時與同步的溝通。

2.觸及（reach）與速度相結合，在網路的數位環境中，訊息猶如異層級散布（nonhierarchical distribution）的蜘蛛網狀般，極大化了覆蓋的範圍。相較於傳統語藝，與其費時費心的安排論證結構與邏輯過程，數位語藝的運用反而更強調時效和觸及率，有時能吸引到更多受眾的功能性，甚至超過說服特定群眾的語藝策略。畢竟，快速與廣泛的觸及，能夠激發跨越時間與空間的全球化、消融傳統媒體的守門功能，並創建了在線社群的網絡構連。

3.匿名性（anonymity）是網際網路的特性之一，數位環境中使用多重身分或是隱匿身分，讓隱藏在螢幕（screen）之後的言者／作者／創作者，可能產生如CMC學者Sproull和Kiesler（1986）所說「缺乏社會暗示」（lack of social cues）的人際互動模式般，更專注於呈現自我的論述風格與情緒表達，而忽略了如禮貌或是道德等語藝準則，甚或是不顧社會規範的激越行為（flaming）。匿名性當然也是影響數位語藝身分認同的重要因素，網路內容雖然可讓團體或個人「被接近」、「被觀看」、「被閱覽」或「被連上」，甚至呈現特定行動者（如個人、企業、政府、運動組織）如何「自我界定」、「自我觀看」的線索（鄭陸霖、林鶴玲，2001），但匿名性卻也讓網路

互動有著不確定的角色關係，從而讓身分認同與權力關係無從固著，也無法履行溝通言詞行動時應有的承諾與義務，從而產生言論自由、網路霸凌、乃至網路民主的相關議題與問題。

4. 互動性（interactivity）乃網際網路重要特性。Burgoon等人（2000）曾以「參與性」（participative）和「感官與資訊豐富性」（modality-and information-rich）這兩個傳播科技的互動性面向，說明所有參與者除了可同時扮演訊息傳送與回覆的多重角色外，也能運用多元平台和模式進行雙向乃至多性的互動；Williams、Rice和Rogers（1988）則是從使用者的角度指出，互動性意謂著參與者在傳播過程中擁有控制對談並交換角色的程度；Steuer（1992）也認為互動性指出了使用者在傳播過程中，不僅是參與者，更具有改變中介傳播環境的能力。因此，互動性除指涉傳播者與受播者雙方具有控制能力，可以即時參與和修改媒介環境的形式與內容，以滿足彼此不同的傳播需求外，傳播者與受播者的角色亦可以互相交換，且彼此間傳送的訊息能互相啟應、具有相關性。此種從使用者與使用者的互動（user-to-user interaction），進而催生「使用者產生內容」（User-Generated Content, UGC）的概念，即是由使用者參與和提供內容，藉由網路平台各類型資訊的呈現，傳遞、展現和共享訊息以達溝通互動之目的（Smith, Fischer, & Yongjian, 2012）。

二、數位語藝與公共溝通

網路上的論述有著運用數位文本「互為言者」的特性，網路上言說者與閱聽眾間交互產製並詮釋議題文本，形成語藝策略的資源（Warnick, 2007），這樣看來，互動性似乎終結了傳統語藝以言說者（rhetor）為中心的說服訊息模式，也顯示了網路使用者訊息產製有著互文性（intertextuality）、多模態（multimodality）、乃至跨媒性（transmediality）的偏好。儘管互動性需仰賴網路介面的技術功

能，也常常助長了市場行銷與商業操作的可能，但確實是數位語藝學者和實務工作者需要注意的關鍵功能。

這種由互動而產生的公眾意識（public consciousness）與個體隱私的棄絕，與其說是彰顯二十世紀公共領域（public sphere）的理想，不如說是因為網際網路與行動科技的發展，改變了使用者對於「空間」的定義，進而在傳播活動進行時，翻轉了傳播者／使用者對於所謂的「公共空間」（public space）與「私人空間」（private space）之界線、功能以及其意涵的認定（Green & Haddon, 2009）。Gurak和Antonijević（2009）認為在新媒體，特別是社群媒體的環境中，數位語藝打造的是一種跨界合作與結社成群（collaboration and community）的新公共領域。換言之，在融匯了時間、機會及媒介環境等因素的時機（kairos）所交織出的數位語藝情境（rhetorical situation）中，人們因共享意義與價值而串連集結。沈錦惠（2009）在其《電子語藝與公共溝通》一書中，就曾大幅論述個人化的電子連結作為一想像社群以凝聚共識、形塑認同，並視社群的概念為電子時代公共溝通的基石。而Langlois等人（2009）更視網際網路為語藝情境，以網絡化的公眾（networked publics），具體說明其中的溝通本質和權力關係。

而以網際網路為基礎的數位環境，顯然應該更加重視傳統語藝五大要素中，強調溝通者口語表達、姿勢體態以及溝通工具使用的「發表」（delivery）面向（Porter, 2009）。從語藝行動和技藝面來看「數位發表」（digital delivery），涵蓋了身體／身分（線上溝通者的口語表達、姿勢體態，以及身分展現）、流通／發行（數位網路資訊的複製、流通和發行）、近用性（網路訊息的連結與下載）、互動性（數位互動的類型和範圍），以及經濟性（著作權、使用權和訊息政策）等範疇。

從上述的討論中可知，數位語藝的實踐，並非僅止於說服，人們不僅有機會表達自己的想法、展示在線和離線時的多重身分，並能連

結具有相同想法和情感的其他人，以創建社群、建構文化並進行公民
參與。網路上的互動有著更多雙向乃至多向的特性，提升人們對於社
會與政治議題的公共覺醒（public awareness）。Warnick和Heineman
（2012）在新版《線上語藝：新媒體的政治》一書中，更從網路與
公共領域的討論出發，指出數位性（digitality）所布建的超文本景
觀，除造就了論述形式的移轉，也拆解了人們身分的固定化和穩定
性，因而在傳統語藝研究的說服和認同兩個主題外，許多學者轉而探
究新科技與新媒體如何形塑人們的思想和影響溝通。

　　數位匯流下的語藝行動，呈現的是去中心化的媒介實踐，傳統的
媒介邏輯手法轉變爲新舊混種、跨媒介或串媒介的多樣性媒介邏輯，
在此主體、脈絡和媒介化的交融成爲更複雜多樣的社會／世界建構。
換言之，數位語藝的公共溝通除了身分認同的跨界流動外，跨時空、
跨文化、跨模態與跨媒介的文本並存或互參，除爲語藝行動和符號說
服帶來更多的可能性，也讓我們能夠透過網路和社群媒體，在生活世
界如政治、科技、藝術、時尚流行、體育賽事、影視、手遊等各種場
域中，參與和分享文化經驗。

三、數位語藝與大眾文化

　　數位媒體在社會性和文本形式上的轉化，雖爲語藝研究與實踐
帶來新的契機，但也有新的困難需被克服，特別是如何將傳統針對
口頭和印刷文字（spoken and printed words）的理論與批評分析，
調整到對視頻、聲音、靜態和動態影像，以及超連結（hyperlink）
等的各種文本模態上（Reeves, 2013）。事實上，數位媒體科技的發
展，常讓使用者陷入種種程式定制的文本流程與內容包圍中，此即
如Ian Bogost（2007）所說，數位媒體乃是以使用過程中的程序認同
（procedural identification）來捕獲人們的。無論如何，使用者因爲
數位新媒體科技，得以自我展現（self-expression）和共享旨趣（in-

terest）以建立社群，這讓日常生活中的語藝和大眾文化有了更深的連結。故此，語藝與新媒體研究的交會點，可從多模態語藝（multimodal rhetorics）和跨媒介敘事（transmedia storytelling）兩大研究範疇，看到更多的交集。

1. 多模態語藝（multimodal rhetorics）實踐包括日常視覺文本、網路廣告、迷因梗圖、懶人包與拼貼圖像等。Ehninger（1972）曾指出，語藝既為人類透過符號使用策略，以影響彼此的思維，自然不應獨鍾文字，也不應偏廢聲音和視覺，並建議語藝也應該研究建築、舞蹈、音樂以及服裝等文本。美國口語傳播學會SCA（Speech Communication Association）也在1970年的語藝年會（National Conference on Rhetoric）上，建議將音樂、視覺影像（visual images）等納入語藝學門研究以呼應方興未艾的視覺轉向趨勢。此一趨勢固然帶出了在本書第五章所探討，以視覺性和視覺中心論為主的視覺語藝（visual rhetoric），但許多學者更呼籲，與其獨鍾視覺語藝的研究視角，不如進一步體認當代傳播訊息乃是多模態共作的事實（Tseronis & Forceville, 2017）。

模態（modality）常被簡單的解釋成如語言、文字、圖像或聲音等媒材形式（mode），但Kress（2009）認為，模態是社會形塑和文化給定的資源，為的是製造意義，像是運用靜態圖像、動態影像、書寫、音樂、手勢等，都是模態使用於傳播中的例子。數位科技打破固著的媒體符號關係，讓各種媒介與媒材融匯，數位文本提供多元資源，衍生其他表述形式協助建構意義，像是互動及回饋設計、多媒體、網絡超連結、相異模組形態等（Ryan, 2004）。

多模態語藝乃是整合多重符號資源進行溝通（Sheridan, et al., 2012），其語藝效果的達成，並非只是簡單如加法公式般把不同模態加總，而是為傳播實踐和符號再現提供了複雜而豐富的可能。因此，運用多模態符號建構意義的語藝行動，以及多種模態轉換而達成語藝功能的過程，皆可視為是多模態語藝的實踐。多模態語藝與日常

生活和大眾文化息息相關，國外從政治活動、社會行銷、廣告、漫畫到電子遊戲等面向和主題，相關研究多有發表。

2. 跨媒體敘事（transmedia storytelling）是娛樂、影像紀事、品牌行銷、新聞報導、甚至倡議等面向最激動人心的發展之一。數位匯流與科技發展，爲敘事（narrative）提供了多元的可能和深遠的影響，使得跨媒介敘事（transmedia storytelling）成爲當今社會和文化現象（Peña-Acuña & Sala, 2020），不僅影響人們日常溝通互動，也形塑人類社會更複雜與正式的傳播系統，如宗教、教育和娛樂等（Elleström, 2019）。

從實務現象到學術論述，跨媒體敘事的實踐，擴展了說故事的形態和樣式，也豐富了說故事者與閱聽眾／消費者的扣連機制和可能性。想像哈利波特從小說、電影、電影場景遊覽、主題公園、周邊商品、到世界各地粉絲們的網路社群，透過鋪天蓋地故事與訊息的虛實整合（online-to-offline），提供沉浸式的整體故事體驗（賴玉釵，2019）。Jenkins（2006, 2007）定義的跨媒介敘事，指的是用多種媒體平台來闡述故事，每種方式都有其獨特的貢獻，系統性的呈現讓觀眾可以與內容互動，創造難忘的體驗。這也意味著我們對於媒介、敘事和閱聽人參與等面向的認知，必須解構與重組。

人類溝通的基本形式就是故事，一個突出且有說服力的故事，少不了語藝的運用，而數位語藝與數位敘事、乃至跨媒介敘事也常是無法分割的（Al-Zaman & Puja, 2021）。Phelan（1996）在其《敘事即語藝》（*Narrative as Rhetoric*）一書中，指出兩個敘事的基本原則：(1)說故事的人乃是在特定情境中對特定的閱聽眾敘說特定的故事以達成特定意圖，(2)閱聽故事是一個涉及人們思想、情感、道德和意識形態等多重面向的行動，因此，雖然敘事學和語藝學有著不同學術傳統與發展脈絡，但數位科技與媒介化，讓語藝學和敘事學在著重文學批評與分析的語藝敘事學（rhetorical narratology）、從語藝論述中檢視敘事溝通的語藝敘事批評（rhetorical criticism of narrative），以及數位敘事中語藝策略的使用等三個面向有了更多整合與互用（Iversen, 2014）。

第四節　結語：數位語藝時代的跨界與溝通

　　二十世紀末，Kathleen Welch（1999）在《電子語藝》一書中，曾疾聲呼籲在電子時代中（in the electronic age），我們對於語藝的看待和實踐應有所轉化。數十年之後，Kathleen Baldwin（2015）認為在二十一世紀，應當用「新媒體語藝」（new media rhetorics）來重新混合（remixing）新舊時代的語藝實踐，以取代多模態語藝（multimodal rhetorics）的思維。Baldwin（2015）所謂的「新媒體」，乃是指運用Bolter和Grusin（2000）再媒介化的過程（the process of remediation），在「直接性」（immediacy）和「超直接性」（hypermediacy）二元邏輯的運作下（翁秀琪，2011），媒介得以挪用其他媒介的技術、形式，形塑與再形塑真實與文化。以這種回歸媒介本質而非單單強調形式的思考來看數位時代的語藝，Baldwin（2015）也進一步以數位寫作為例，引用Manovich（2001）的物質性（materiality），說明數位新媒體不僅影響了媒體的物質性與文本特性，同時也改變了使用者和媒介的關係，以及接收者的位置，因此，物質性的提陳，強化了溝通者文本產製／使用／消費間的語藝功能和實踐意識。

　　從語藝到數位語藝、過程語藝、多模態語藝、乃至新媒體語藝，相關研究無論是從數位的語藝面向（the rhetoric aspects of the digital）進行，或是從語藝的數位面向出發（the digital aspects of rhetoric），數位時代的語藝行動，毫無疑問的除了言說者的能動性外，亦需借助數位平台、介面技術和編碼程式的運作，因此，我們除

需視其爲一個跨領域外，更要在這個持續發展的過程中，對於語藝理論有多層次的理解，並對數位媒體有新的思維框架（Verhulsdonck, 2014）。

　　從實踐面向來看，數位語藝在科技的加持下，固然爲二十一世紀的群我溝通與公共溝通，提供了豐富的可能性，然而這種讓使用者流（flowing）連（streaming）忘返的個人化媒體經驗和新媒體的文本性（new media textuality），固然符合Richard Lanham所強調數位語藝持續且富有成效的互動性，但也常常可能伴隨著數位互動的騷亂（the chaos of digital interactivity）（Reeves, 2013），像是網軍、帶風向、同溫層效應，以及數位行銷的操控等，因此，身處於數位語藝環境多重變化中的我們，終究需要認識這些變化的本質，並且要時時保有反身性的思維。

參考文獻

一、中文部分

王孝勇（2018）。〈逆反時光、探訪視覺：視覺語藝的古典脈絡與其示現〉，**傳播研究與實踐研究**，**8**(2)，頁213-248。

朱元鴻（1993）。〈正當的（只不過是）語藝：從前蘇格拉底到後尼采〉，**傳播文化**，**1**，頁81-102。

李長潔（2020）。〈回家與旅行之間：過程語藝與手遊《旅行青蛙》〉，**資訊社會研究**，**39**，頁99-134。

林靜伶（1993）。〈民主自由與語藝生存空間〉，**傳播文化**，**1**，頁69-80。

林靜伶（2004）。〈語藝學：西方發展與在台灣之現況〉，收錄於翁秀琪主編《台灣傳播學的想像》上冊，第六章，頁165-197。

林靜伶（2014）。〈網路時代社運行動者的界定與語藝選擇〉，**中華傳播學刊**，**26**，頁3-33。

沈錦惠（2007）。**電子語藝與公共溝通**。臺北市：五南。

翁秀琪（2011）。〈什麼是「蜜迪亞」？重新思考媒體／媒介研究〉，**傳播**

研究與實踐》，**1**(1)，頁55-74。

秦琍琍（2010）。〈第一章口語傳播概論〉，秦琍琍、李佩雯、蔡鴻彬（合著），口語傳播，頁1-36。臺北市：威仕曼。

曹開明、黃鈴媚、劉大華（2017）。〈數位語藝批評與文本探勘工具──以反核臉書粉絲團形塑幻想主題為例〉，**資訊社會研究**，**32**，頁9-50。

鄭陸霖、林鶴玲（2001）。〈社運在網際網路上的展現：台灣社會運動網站的聯網分析〉，**台灣社會學**，**2**，頁55-96。

蔡鴻濱（2016）。〈初探數位語藝──理論與方法的檢視與重構〉，2016中華傳播學會年會，嘉義中正大學。

賴玉釵（2019）。〈閱聽人詮釋《哈利波特》故事網絡之跨媒介地景歷程初探：以虛構文本、文學地景及周邊為例〉，**傳播文化**，**180**，頁44-39。

二、外文部分

Al-Zaman, M. S. & Puja, P. P. (2021). Storytelling and the rhetoric of rumor in social media. In L. C. Mihăeş, R. Andreescu, & A. Dimitriu (Eds.), *Handbook of Research on Contemporary Storytelling Methods Across New Media and Disciplines* (pp. 40-62). Herhsey, PA: IGI Global.

Baldwin, K. M. (2015). New Media rhetorics: Redefining multimodality for the 21st century FYC classroom. *Journal of Global Literacies, Technologies, and Emerging Pedagogies*, *3*(1), 250-263.

Bitzer, L. (1968). The rhetorical situation. *Philosophy and Rhetoric*, *1*, 1-14.

Bizzell, P. & Herzberg, B. (2001). *The rhetorical tradition: Readings from classical times to the present* (2nd ed.). Boston, MI: Bedford/St. Martin's.

Bogost, I. (2007). Persuasive Games: The Expressive Power of Videogames. Cambridge, MA: The MIT Press.

Bolter, J. D. (2001). *Writing space: Computers, hypertext, and the remediation of print*. New York, NY: Lawrence Erlbaum.

Bolter, J. D. & Grusin, R. (2000). Remediation: Understanding new media. Cambridge, MA: The MIT Press.

Brooke, C. G. (2009). *Lingua Fracta: Towards a Rhetoric of New Media.* Cresskill, NJ: Hampton Press.

Burgoon, J. K., et al. (2000). Interactivity in human-computer interaction: A study of credibility, understanding, and influence. *Computers in Human Behavior*, *16*(6), 553-574.

Burke, K. (1969). *A rhetoric of motives.* Berkeley: California Press.

Burke, K. (1973). *The philosophy of literary form: Studies in symbolic action.* Berkeley, CA: University of California Press.

Consigny, S. (1974). Rhetoric and its situation. *Philosophy and Rhetoric*, *7*, 175-186.

Edbauer, J. (2005). Unframing models of public distribution: From rhetorical situation to rhetorical ecologies. *Rhetoric Society Quarterly, 35*(4), 5-24.

Ehninger, D. (1972). *Contemporary Rhetoric: A Reader's Coursebook (Ed.).* Glenview, IL: ScottForesman.

Eyman, D. (2015). *Digital rhetoric: Theory, method, practice.* Ann Arbor, MI: University of Michigan Press.

Eyman, D. (2016). Looking Back and Looking Forward: Digital Rhetoric as Evolving Field. Enculturation, 22. http://enculturation.net/looking-back-and-looking-forward

Foss, S. K., Foss, K. A., & Trapp, R. (2002). *Contemporary perspectives on rhetoric* (3rd ed.). Prospect Heights, IL: Waveland Press.

Foss, S. K., Foss, K. A., & Trapp, R. (2014). *Contemporary perspectives on rhetoric: 30th anniversary Edition.* Prospect Heights, IL: Waveland Press.

Green, N. & Haddon, L. (2009). *Mobile Communications: An Introduction to New Media* (English ed.). New York, NY: Berg.

Gurak, L. J. (2001). *Cyberliteracy: Navigating the internet with awareness.* New Haven, CT: Yale University Press.

Gurak, L. & Antonijević, S. (2009). Digital Rhetoric and Public Discourse. In A. Lunsford, K. Wilson & R. Eberly (Eds.), *The Sage Handbook of Rhetorical*

Studies (pp. 497-508). Thousand Oaks, CA: Sage. http://www.amazon.com/ dp/1412909503/ref=rdr_ext_tmb

Hayles, N. K. (1999). *How we become posthuman: Virtual bodies in cybernetics, literature, and informatics.* Chicago, IL: The University of Chicago Press.

Hess, A. (2018). Introduction: Theorizing digital rhetoric. In A. Hess & A. Davisson (Eds.), *Theorizing digital rhetoric* (pp. 1-15). Thousand Oaks, CA: Sage.

Hodgson, J. & Barnett, S. (2016). Introduction: What is Rhetorical about Digital Rhetoric? Perspectives and Definitions of Digital Rhetoric. *Enculturation, 23.* http://enculturation.net/what-is-rhetorical-about-digital-rhetoric

Iversen, S. (2014). Narratives in Rhetorical Discourse. The Living handbook of Narratology. http://www.lhn.uni-hamburg.de/

Johnson, L. (2016). Negotiating territory, analysis and production as a framework for digital rhetoric: A review of Eyman's Digital Rhetoric: Theory, Method, Practice. Enculturation, 24. http://enculturation.net/digital-rhetoric

Kennedy, G. A. (1999). *Classical rhetoric and its Christian and secular tradition* (2nd ed.). Chapel Hill, NC: The University of North Carolina Press.

Krause, S. D. (1996). The Immediacy of rhetoric: definitions, Illustrations, and Implications, Dissertation. Bowling Green, OH: Bowling Green State University https://people.emich.edu/skrause/Diss/

Landow G. P. (Ed.) (1994). *Hyper/Text/Theory.* Baltimore, MD: John Hopkins University Press.

Langlois, G. et al. (2009). Networked publics: The double articulation of code and politics on Facebook. *Canadian Journal of Communication, 34*(3), 415-34.

Losh, E. (2009). *Virtualpolitik: An electronic history of government media-making in a time of war, scandal, disaster, miscommunication, and mistakes.* Cambridge, MA: MIT Press.

Manovich, L. (2001). The language of new media. Cambridge, MA: The MIT Press.

Moulthrop, S. (1994). Rhizome and resistance: Hypertext and the dreams of a new culture. In G. P. Landow (Ed), *Hyper/Text/Theory* (pp.299-319). Baltimore, MD: John Hopkins University Press.

Ong, W. (1982). *Orality and Literacy: The Technologizing of the Word*. New York: Methuen.

Pashaei, F. (2010). Unstable situations: A rhetorical approach to studying blogs about Muslims. Master thesis of George Mason University. http://ebot.gmu.edu/bitstream/handle/1920/5843/Unstable_Situations.pdf?sequence=1&isAllowed=y

Phelan, J. (1996). *Narrative as Rhetoric Technique, Audiences, Ethics, Ideology*. Columbus, OH: Ohio State University Press

Porter, J. E. (2009). Recovering Delivery for Digital Rhetoric. *Computers and Composition*, *26*, 207-224.

Reeves, J. (2013). Temptation and its discontents: Digital rhetoric, flow, and the possible. *Rhetoric Review*, *32*(3), 314-330.

Ryan, M. L. (2004). Will new media produce new narratives? In M. L. Ryan (Ed.), *Narrative across media* (pp.337-359). Lincoln, NE: University of Nebraska Press.

Scott, R.L. (1975). A Synoptic View of Systems of Western Rhetoric. *Quarterly Journal of Speech*, *61*, 439-47.

Sheridan, D. M., Ridolfo, J., & Michel, A. J. (2012). *The Available Means of Persuasion: Mapping a Theory and Pedagogy of Multimodal Public Rhetoric*. Anderson, SC: Parlor Press.

Smith, A. N., Fischer, E., & Yongjian, C. (2012). How does brand-related user-generated content differ across YouTube, Facebook, and Twitter? *Journal of Interactive Marketing*, *26*(2), 102-113.

Sproull, L. & Kielser, S. (1986). Reducing social context cues: Electronic mail in organizational communication. *Management Science*, *32*(11), 1492-1512.

Steuer, J. (1992). Defining Virtual Reality: Dimensions determining telepresence. *Journal of Communication*, *42*(4), 73-93.

Tracy, D. (1997). Charity, Obscurity, Clarity: Augustine's search for rhetoric and hermeneutics. In J. Walter and M.J. Hyde (Ed.), *Rhetoric and Hermeneutics in our time: A reader.* New Haven, MI: Yale University Press.

Trenholm, S. (2008). *Thinking through communication* (5th Ed.). Boston, MA: Pearson.

Tseronis, A. & Forceville, C. (2017). Argumentation and rhetoric in visual and multimodal communication. In A. Tseronis & C. Forceville (Eds.), Multimodal Argumentation and Rhetoric in Media Genres. Philadelphia, PA: John Benjamins Publishing Company.

Turkle, S. (1999). Cyberspace and identity. *Contemporary Sociology, 28*(6), 643-648.

Vatz, R. E. (1973). The myth of the rhetorical situation. *Philosophy of Rhetoric, 6*(3), 154-61.

Verhulsdonck, G. (2014). Digital rhetoric and Globalization: A convergence-continuum model. In G. Verhulsdonck & M. Limbu (Eds.), Digital Rhetoric and Global Literacies: Communication Modes and Digital Practices in the Networked World (pp.1-40). Hershey, PA: IGI Global.

Williams, F., Rice, R. E., & Rogers, E. M. (1988). *Research Methods and the New Media.* New York: Free Press.

Warnick, B. (2007). *Rhetoric online: Persuasion and politics on the World Web.* New York, NY: Peter Lang Press.

Warnick, B. & Heineman, D. S. (2012). *Rhetoric online: Politics of New Media* (2nd Eds). New York, NY: Peter Lang Press.

Welch, K. E. (1999). *Electric rhetoric: Classical rhetoric, oralism, and a new literacy.* Cambridge, MA: MIT Press.

Zappen, J. P. (2005). Digital Rhetoric: Toward an integrated theory. *Technical Communication Quarterly, 14*(3), 319-325.

第二章

從古典到當代的語藝發展

胡全威

　　數位語藝作為當代語藝發展的一支，「數位」主要是因應網路時代的來臨，而網路是一個非常現代的傳播媒介，發展僅約半個多世紀。但是，「語藝」（rhetoric，或譯為修辭，本章中兩者互用，同樣意思）則已經有數千年的歷史。若要對於數位語藝有更多的想像，可以先從瞭解語藝的歷史起源與發展來入手。畢竟，許多觀點都是逐步演變而來，並非憑空出現。忽略了過往的努力，可能會讓我們重蹈覆轍或者掠古人之美而不自知（McKerrow, 2010, p.197）。

　　這正如我們好奇一個人的發展，可以從瞭解他的出生、成長經歷、重要轉折，這樣就會更容易瞭解他的現在、甚至未來的可能發展。本章希望扮演這種歷史尋根、鋪陳脈絡、奠定基礎的角色，幫助讀者更能掌握對於數位語藝的理解與期待。

第一節　古希臘羅馬時期

　　什麼是語藝學？通常我們試圖去瞭解一件事情的時候，其中一種常見的方式，就是去探詢它的起源。這種最早的起源，常常可以成為一種事物原本面貌的判準。因此，瞭解語藝學的起源，就可以作為語藝學本來是什麼、應該是什麼的一種參照。這就好像過年為何送「紅」包，而不是白包或藍包？其實就是因為自古以來即是如此，自然而然成為一種約定俗成的規範，成為事物本來的面貌。

　　不僅是起源作為一種界定的判準。事物的發展與演變，也可以成為評判事物的重要參考。譬如，傳統婚禮中以紅色為喜氣，但受到西方影響，白色婚紗現更為盛行。若婚禮中，新人佳偶一身黑時，可能會被視為奇怪，有違常理。但是，倘若從戲劇中得知在中國古代秦朝時，婚禮就是以黑色為尚，此時，對於眼前看似違背常理，就可以有更多的包涵。所以，有了歷史脈絡的理解，對事物的各種變體，就可

以有更多的理解與詮釋空間。

　　因此，本章既探詢語藝的起源，同時也追溯語藝的演變，就是希望提供讀者在思考當代數位語藝時，可以有一個更宏觀的面貌，一方面知道語藝學千年以來的核心關懷，同時也知道語藝學本身也是歷經演變，隨時代脈絡而調整焦點。

一、語藝的誕生

　　語藝學（rhetoric）作為一門傳授的技藝，何時誕生？一般最常見的解釋是起源於距今兩千四百多年前，古希臘時期的城邦生活當中。其中，特別是民主城邦，譬如著名的雅典，就是語藝技術（rhetorical art）興盛的地方。

　　當時的民主體制，主要是直接民主，人們在公民大會上直接訴諸群眾的支持，駁斥相反觀點。除了決定公共政策，還有法庭上的辯護或控告，以及在一些節慶中的儀式典禮演說。如何才能在這些公開場合中發表深具說服力的演說，就成為一個專門的技能（Kennedy, 1963）。

　　在當時，誰能掌握上臺發言的技巧，誰就能獲得政治權力，甚至在法庭訴訟案件中獲勝（Wardy, 1998, pp.37-38）。有意參與公共事務的人們，特別是有能力支付學費的貴族，莫不希望能請到這些教授公開演說的人來指導（Romilly, 1992）。

　　語藝學因此應運而生。因為有說服公眾的需求，許多知名的智辯士（sophist）都在傳授此一門學問。除了這門學問的實際效用大，而且每個具有自己專業的講師，除了教授本身專業能力，大多也具有良好的表達能力。因此，語藝學就成為大多數智辯士教授的共同科目（葉秀山，2007，頁231）。

　　智辯士眾多，這裡介紹兩位最著名，同時也有重要觀點流傳的Protagoras（c.490-420 BC）和Gorgias（c. 483-375 BC），他們的論

點也奠基了語藝學的根基。

Protagoras是雅典的外邦人，曾經擔任過當時雅典領導者的智囊，他被譽為辯論學之父，也是第一位收受高額學費教人說話的老師。

Protagoras的名言：「人是萬物的準繩，是其所是，非其所非」，以及「凡事皆可兩面論證」。這兩條可以說是奠定了語藝論述的根基，同時也與民主政治息息相關。

「人是萬物的準繩」，有別於「神是萬物的準繩」，也有別於「君主是萬物的準繩」。而這裡是指「人」，通常也就是由「許多人」作為判斷事物標準。這恰恰符合民主政治運作模式，成為提供決策正當性的基礎公理。事物的準繩，是由多數決制定，而不是某個天縱英明的政治領袖或宗教領袖所決定。也因此就有論者認為，智辯士的語藝觀其實正是古希臘民主城邦的政治理論。當代流傳下來的柏拉圖、亞里斯多德等人的哲學觀，反而是支持貴族政體的論述。這也是為何二十世紀末，當民主政體成為全球主流，因此學界重新重視對於智辯士觀點的討論，就是希望追溯民主政體的古典理論根源（劉小楓，2015，頁1-6）。

而另一句話，「凡事皆可兩面論證」。兩面論證說明了人們意見分歧的客觀描述。如果事件真的只有一種觀點，一種答案，那麼，爭議的雙方，一方為真理、一方為邪惡，則討論似乎就只有真理戰勝邪惡。但是，承認雙方論證都可能有理時，才能鼓勵進一步對話，找到彼此暫時可以接受的方案。這也呼應了民主政治的精神（Schiappa, 2003）。

另外一位著名的智辯士Gorgias，則是擅長以簡潔的內容以及對比、押韻等語藝技巧，發表漂亮言論，吸引聽眾，讓人陶醉其中。他在其著作《海倫頌辭》中，表面上是為希臘第一美女海倫平反汙名，實際上則是藉此讚頌言詞的巨大力量。海倫與特洛伊王子私奔，導致希臘諸城邦與特洛伊長年征戰，死傷慘重。因此，海倫就好像是中國

歷史中的妲己、陳圓圓等「紅顏禍水」的代表。

Gorgias運用巧思，扭轉乾坤，提出四大理由爲海倫辯護。其中一個理由提到，「言詞是強大的君主」，人們大多只能臣服其下，難以抵抗。因此，海倫是無辜的，就如同一般人難以抗拒動人的言詞力量一般。這就是爲海倫翻案，同時彰顯語言的力量。

不過，文中最後，Gorgias還是強調全篇只是「戲作」（遊戲之作）。這應也是不敢違背一般人的價值觀。畢竟海倫爲了私情，讓兩方人馬征戰多年，死傷慘重。發言者也要小心聽眾的反撲，固然標新立異引發興趣，但也可能導致眾怒（何博超，2012）。總的來說，Gorgias對於語言力量的推崇，更強化了語藝學的重要性。

二、柏拉圖的批判

我們再回到主題。古希臘時期智辯士傳授語藝，無論是透過撰寫技術手冊或是以演講稿方式流傳，許多已經失傳或只是轉載後的片段。從學術思想脈絡而言，目前我們所承接眾多智辯士的觀點，反而許多是透過嚴厲批判智辯士的柏拉圖（Plato, c. 428-348 BC）著作中傳承下來。

哲學作爲知識傳承的主流，智辯士常常被批評爲假哲學家，恰恰是哲學家的對立面。柏拉圖許多對話錄著作都以智辯士爲名，反駁智辯士觀點。因此，整個西方知識界的對立面，其實正是智辯士。再反過來說，當柏拉圖以降的菁英政治觀受到抨擊反省時，智辯士觀點就又受到重視。

柏拉圖的主要攻擊，指責語藝就只是諂媚公眾，顛倒是非；只是傳遞信念，而非眞理。事實上，甚至有學者從古典學考證的方式，指出「語藝」（rhetoric）一詞，最早就是出於柏拉圖著作中，亦即這是柏拉圖自行創造的詞彙（Schiappa, 1990）。

換言之，「語藝」一詞經柏拉圖自行創造之後，賦予的實質內

涵，就已經是被扭曲後的觀點。事實上，柏拉圖之前的智辯士並沒有使用「語藝」一詞，而是使用「說話」、「話語」、「言詞」等詞彙。

不過，縱使如此，柏拉圖的政治願景，還是得面對說服公眾，亦即語藝的問題。就單單從他最著名的《理想國》（*The Republic*）一書，其中他所設想的理想國度中，人們被告知自出生以來，就被區分為金、銀、銅鐵階層，並皆為大地之母的子民等等。這種以「公民神話」（故事）的方式，提供政治治理的正當性，不正是說服技藝展現？

柏拉圖在《費德魯斯篇》（*Phaedrus*）中更是大談真正的語藝為何。因此，柏拉圖縱使攻擊語藝，但是他實際上運用語藝，同時也開展了理想語藝的面貌。柏拉圖在他自己撰寫的《高爾吉亞篇》（*Gorgias*）中，也讓蘇格拉底大戰三位對話者（Gorgias師徒二人以及一位政治人物），以哲學思索勝過語藝力量，作為整篇主軸。有趣的是，古羅馬著名政治家、語藝家西賽羅的評論卻是：柏拉圖展現了更高明的語藝技巧（胡全威，2011）。

事實上，柏拉圖對於語藝的抨擊，不僅只是限定在語藝上，同時對於整個傳播學界迄今，仍有很大的影響。因為語藝不僅是口語傳播的源頭，一般也認為是傳播學的源頭。傳播者是否僅僅是傳達信念，而非真理，在迎合觀眾與實質真理之間也是有許多角力，這些仍是今日傳播學界的重要課題（Dues & Brown, 2004）。

三、亞里斯多德的《修辭術》

真正為語藝提出較有系統、流傳迄今最早的完整著作，應該要算是亞里斯多德（Aristotle, 384-322 BC）的《修辭術》（*The Art of Rhetoric*）。亞里斯多德是一位百科全書式的學者，寫過許多著作，他的部分授課講義也有流傳下來，影響西方學術思潮甚深（胡全威，

2009）。

　　亞里斯多德批判當時的智辯士，他認為當時教授語藝的人，大多以情感訴求為主，教導人們如何運用群眾的憐憫、法庭審判者的憤怒、對手的驕傲等等，贏得政治或司法上的勝利。

　　亞里斯多德推崇理性，認為真正的說服術，應該是以理服人。他開展了論理說服的各種方式，包括演繹、歸納、類比等手法。再搭配他在《工具論》（*Organon*）等著作中，對於邏輯三段論的闡釋，他認為邏輯學中的推論方式，可以借鑑到語藝當中，成為論理的一部分。

　　不過，縱使如此，亞里斯多德也沒有否認情感與人格說服的重要性。他清楚的指出，人們在不同情緒當中會做出不同的決定。因此，如何引導、激發這些不同的情緒，就成為說服術關注的焦點。另外，亞里斯多德也注意到人格說服的力量。舉簡單例子，我們是否比較會相信一個貌似忠良的人所言。也就是一句話，「誰說」很重要，要如何樹立說話者的人格特質，也是一件非常重要的事。

四、西塞羅論雄辯術

　　隨著古希臘城邦的相互征戰與衰落，馬其頓的亞歷山大逐步建立跨洲的帝國統治。但是，帝國不久後崩解，羅馬崛起，進入歷史文化的中心。在古羅馬共和時期的西塞羅（Cicero, 106-43 BC），結合語藝與哲學，主張最好的公民應該兼具智慧與雄辯。當時羅馬共和時代，雖然不同派系相互傾軋，西塞羅卻能憑藉自身優異的口才，逐步獲得政治權力，成為非常有影響力的政治人物。

　　因此，西塞羅不僅是結合哲學與語藝，而且其本身也是理論與實踐合一的人。他推崇語藝或者當時拉丁用語是雄辯（*eloquentia*, eloquence），並將其提升到最高級別的綜合知識。他認為最崇高的地位就是雄辯家，而政治、法律、歷史、心理、道德等知識與技能，都

是為了雄辯術而服務。此時語藝的發展，也達到一個高峰。他關於語藝術的著作、演講稿，成為後來幾千年語藝學的標準學習範本（胡全威，2017）。

羅馬時期另一位能與西塞羅相提並論的，就是語藝家昆體良（Marcus Fabius Quintilianus, 35-100 AD）。昆體良的《論言說者的教育》（*Institutio Oratoria*）全書十二卷，宏觀地討論語藝教育，從兒童時期的語言學習、基礎教育開始，然後逐一討論語藝五要素中構思、布局、風格、表達與記憶，最後則是表明完美語藝家的人格特質。

昆體良各篇章立論喜歡先簡要概述，然後介紹各家觀點，再說明自己的看法，算是對於當時以及之前語藝論點的集大成著作。對於傳統語藝焦點僅鎖定在說服公眾上，他認為過於狹隘，他將語藝界定為「善言之學」（the science of speaking well），也就是「正確地進行言說的科學」或是「語藝是以正確地思考和表達為目的」。這裡的善言，除了說得好，也有說得符合道義的意涵。對於昆體良而言，語藝學的核心意涵，就是語藝與道義的統一（劉亞猛，2018，頁133-155）。

而後，從西元二到四世紀，這時期更強調語藝學本身技巧的精進，開始較少著重在哲學上的討論。這與羅馬文化的務實性格有關，當時有許多知名的智辯士傳授語藝技巧，著重在良好的演說、說服的方式，形成一股風潮，有論者稱為「第二代智辯士運動」（Second Sophistic Movement）（Anderson, 2005）。

第二節 從中世紀、文藝復興到啟蒙運動

羅馬帝國衰落，北方日耳曼蠻族入侵。從西羅馬帝國滅亡

（476）開始，一直到東羅馬帝國（1453）滅亡，整個歐洲大陸的政治體制陷入了分崩離析、各自爲政的莊園經濟與封建制度時期。政治上缺乏有效的大範圍統治的政治體制，經濟上也多僅侷限在小範圍莊園中互通有無。相較於古希臘羅馬時代，這一時期被劃分爲中世紀。整體文明進展有限，又常被稱爲黑暗時期，基督教信仰在此時期扮演社會中的重要角色。

一、中世紀語藝學的發展

此時語藝學的發展，若以粗略的時間來分，可以區分爲三個階段：首先，四世紀末到十一世紀，此時主要受到聖奧古斯丁（St. Augustine, 354-430）的《論基督教教義》（*De Doctrina Christiana*）的影響。聖奧古斯丁原本是一位語藝學教師，後來皈依天主教，成爲非常重要的神學家。但也由於他過往的語藝學背景，讓他能夠將語藝學的知識與技能融入到教義宣傳上，也爲語藝學增添新的應用。此外，西賽羅的著作《論開題》（*De Inventions*）與藉其大名但並非是其著作的《論公共演講的理論》（*Rhetorica ad Herennium*）。在此時期，這兩個文本廣爲流傳，成爲重要學習範本。

第二階段則是十一世紀到十二世紀中，語藝與辯證法間的關係備受重視。此外，如何在神學脈絡裡和詮釋聖經中結合語藝，也是發展重點。第三階段，十二世紀中葉到十四世紀中，此時語藝學的主要焦點在於幫助學習者傳教與寫作散文、詩、信件等技巧（Conley, 1990, pp.72-73）。

因此，有別於古典時期，語藝學從原本關注民主、共和政體中「說服公眾」的需求，轉而朝書寫文字上發展。另方面，由於傳教的需要，語藝學不再只是偏重政治、司法場合中的陳詞，而成爲在宣傳教義時，如何有效地說服群眾的技藝。這時，語藝也被理解爲口說與寫作時的「秩序與計畫」（order and plan），因此還可以廣義地包

含文法、寫作手冊與傳教方式等（Murphy, 1971, p.vii）。

若以語藝學的學習內容來區分，這時期的語藝學材料主要有四個根源：亞里斯多德途徑（Aristotelian approach）、西塞羅式（Ciceronian）的實用主義、文法傳統（The Grammatical Tradition），以及智辯士語藝（sophistic rhetoric）（Copeland & Sluiter, 2009）。

亞里斯多德對中世紀語藝學的影響，不僅侷限在其《語藝學》著作上。亞里斯多德對於辯證法（dialectic）、邏輯、論題（trope）討論的著作，也是此時學習的重要文本，讓語藝學在哲學討論中發展。

西塞羅則是留下許多關於語藝學的著作以及演講稿，中世紀的學者摘其精華，甚至有人冒西塞羅之名寫成的作品，成為廣泛使用的教科書。西塞羅提供的語藝五要素以及法庭式辯論的實務技巧，也是此時重要的學習參照。

至於文法，本來與語藝可以區分為兩門獨立學科。但是在實踐時，語藝學也重視「說得正確」，因此，文法學家的著作也成為語藝學重要學習內容。

而智辯士語藝的傳統，則是偏重在實際的演說技藝的培訓上。當時對於語藝家的訓練，諸如朗誦、語藝格、辯論、虛擬情境的講演等等，成為語藝學者鍛鍊的實務技巧（Murphy, 1971, pp.viii-xiii）。

二、文藝復興

從十四世紀義大利中部的商業城市佛羅倫斯、威尼斯開始，隨著當地的工商業與貿易往來發展興盛，藝術與學術研究獲得更多資源挹注，並因戰爭與貿易往來，當時學者們獲得大量的古典著作，特別是來自阿拉伯文化地區的譯作或接觸到希臘、拉丁文書寫的哲學、語藝、文學等原著作品。

學者們藉由對於古典文本的研究，同時試圖開展有別於中世紀以神學為主的核心關懷，越發彰顯人本主義（humanism）精神，以世

俗的人類生活為主要焦點。

　　因此，語藝學與文藝復興是緊密關聯的，因為文藝「復興」意旨就是對於古典文化的重新復甦。要瞭解古典，就要從希臘、羅馬文化開始，不僅是字詞意義、文法結構，還要進一步深入到文義內涵，探究語言的說服力量，而這正是語藝學致力的目標。因此，當時學者們為了要更瞭解古典作品或為了培育學生認識古典文本，古典的語藝學文本的傳授以及他們自己編寫的語藝學教科書，就成為推動文藝復興的重要一環。

　　根據統計，從1460至1620年間，光是古典語藝著作在整個歐洲就超過800個版本。學者們整理文藝復興時期語藝學研究，可以歸納出以下七大特色。

　　首先，對於古典文本的精讀。語藝學者們除了傳授古典文本，自己立論時，也不斷舉證古典文本中的事例與佳句，古典文本扮演非常重要的角色。第二，此時期的語藝學家結合辯證法與語藝學的運用，辯證法的邏輯不僅是討論哲學問題，同時也應用在有效的語藝說服上。第三，受到亞里斯多德《語藝學》的影響，學者們開始更關注在如何訴求聽眾的情感上。此時，更由於傳教的需要，也常討論如何激發聽眾對於上帝或鄰人之愛的討論。

　　第四，文藝復興時期的語藝學家對於結構（disposition）提供更多種類。特別是過往語藝結構大多著眼於公共演說，現在則需要應用在更多不同的書寫場合中。因此，因應這些不同類別的書寫，語藝學者也就提供更多元的書信結構。第五，受到著名語藝家Erasmus（1466-1536）的影響，對於同一詞彙與句子，蒐集不同的表現方式，比如說，對於「我很高興收到你的信」，可以使用數十種方式表達，讓學習者可以從中參考運用。第六，語藝學家也會蒐集各種格言、句型、押韻或對仗句，讓學習者運用。第七，針對風格（style），提供更多的主題（topics）、語藝格（figure of speech）的範例。後面幾項，就很像是今日的書信大全般，累積各種表達範

本，提供人們參考運用（Mack, 2011, pp.2-3）。

以上是整個歐洲的概況。再以英國作爲語藝教育的具體例子。當時在英國的人文教育中，就包括文法、語藝、詩、歷史與道德哲學。特別是在孩童教育中，大約是五、六年級之後，持續九年的時間，是接受語藝教育。當時廣爲受到推薦的閱讀文本是昆體良的《語藝教育大全》或者假託西塞羅之名的《論公共演講的理論》，後者更是常被要求反覆閱讀的語藝著作（Skinner, 2018, pp.1-2）。

總的來說，從中世紀到文藝復興時期，語藝術作爲「三藝」之一（文法、邏輯與語藝），或者再加上另外四藝（幾何、天文、音樂、算術），就稱爲七藝。這就是西方讀書人必須要嫻熟的知識（Skinner, 1996）。事實上，要成爲當時的知識分子，都要嫻熟這些科目，語藝就是其中不可或缺的學門之一。

三、啟蒙運動帶來「光明」

如果稱中世紀爲黑暗時代，則十七、十八世紀的啟蒙運動（enlightenment）就是帶來光明的思想改造運動。承繼文藝復興以來，復興古希臘時代的理性思維，在思維方法上更重視演繹、歸納、實驗等方式，在自然科學（當時稱爲自然哲學）上有非常重大的進展。

許多思想家們也希望在人類事物上，諸如政治、社會、經濟領域中，帶入理性精神，而對整體生活帶來很大的改變。

相較於人類理性的運用，以及對於當時日漸腐敗與衰落的天主教羅馬教皇的勢力，思想家們希望以科學、理性，對抗腐敗的宗教勢力，同時也爲民族國家興起、世俗政權做思想上的根基。

由於語藝學已經成爲傳教士經常運用的一部分，因此，許多著名思想家推崇理性精神，而對於原本強調說服的語藝則視爲是顛倒是非、說黑爲白的詭技。事實上，這類的攻擊自柏拉圖以降，就已經是常見對於語藝的批判。

只是隨著科學的發展，追求真理的信心越強，這類攻擊的力道也就越加強大。許多著名哲學家霍布斯、洛克、康德等人對於語藝，都有許多嚴厲批判。

不過有兩點值得注意。首先，啟蒙與黑暗的對比，不正是修辭格中的「對襯」手法嗎？先貶抑對方，然後藉此彰顯己方的正當性。現在已經有許多研究指出，黑暗時代一點也不黑暗。這類形象式的譬喻，反而凸顯了語藝的重要性。

其次，以霍布斯的語藝觀為例。霍布斯是現代政治哲學的重要開創者，他也曾是語藝學教師，擔任貴族的家庭教師時，更曾翻譯亞里斯多德的《語藝學》。但是後來他轉向著重演繹法的邏輯推論，不滿語藝學的模糊性，同時也痛批當時腐敗教士們濫用語藝造成社會動亂。不過，他後來的著作中，又重新結合語藝與科學論述，他發現單單科學不足以影響人心，仍需要語藝術的輔助，才能打動人心（Skinner, 1996）。

在概念上，這也符合學者提出的「語藝的韜晦性」的意涵（劉亞猛，2005）。亦即，越是運用語藝的人，越要遮掩自己的語藝手法以及貶低語藝的重要性，才容易達到說服效果。反過來，公開強調自己語藝技巧高超、推崇語藝重要性者，反而不容易被聽眾接受。因為人們會認為說話者只是運用「巧技」，不是真正提供有益觀點或實質幫助。這是「語藝」本身的特性，也就是學者稱為「韜晦性」。啟蒙運動以降，知識普及化，語藝不是菁英間流傳的祕密技巧，已經可以為一般大眾得知。也因此，語藝就更公開地被貶抑，才得以實際上發揮力量。

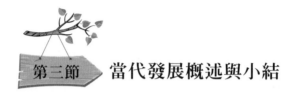

第三節　當代發展概述與小結

　　啟蒙運動之後，語藝學作為一門學問，在歐洲大陸漸漸失去過往的殊榮與其重要性。雖然在一般的學術教育中，語藝基於傳統，仍是其中的一門課程，但隨著本身立論根基的動搖，譬如被視為不關心科學真理，只關乎自身想要達到的目的，以及隨著長久以來語藝學的累積發展，語藝學門已經充斥著許許多多艱澀術語或概念，特別是古典拉丁文修辭格名稱、論題、謬誤等各種語言範式，或者被要求背誦文字優美但是越發與現實脫節的古典演說稿。這些脫離了日常生活經驗，甚至也難以實際運用。因此，學習語藝成為學子們求學時的夢魘。

　　語藝學課程在二十世紀初之前，多與神學、文學課程密切相關。前者因為語藝學的說服功能，成為傳教時必備的知識；後者則是因為語藝學已經多關注在書寫上，甚至就被視為文學的一部分。這就與中文理解「修辭」一詞相似，許多人會認為修辭就是文學愛好者所關心的，亦即如何讓詞語表達得更精采。即使在今日，修辭研究的學者仍有許多是在文學系裡。

　　在美國，自1914年起，有一群原本在英文學系任教的14位老師，成立了「全國公共演說之學術教師協會」（National Association of Academic Teachers of Public Speaking）。他們關注的不是小說、詩詞、劇本，而是自古典時期以來，智辯士、亞里斯多德、西塞羅等人的語藝作品與偉大演說家的演說辭（Borchers, 2006）。

　　後來隨著美國大學的逐步擴大發展，大學開始逐步設立「言說系」（Department of Speech），然後加入了「傳播」（communication）的概念，成為口語傳播學系（Department of Speech Communication）。在其中，語藝學就是一個很重要的學習科目。

　　有了學術機構的支持，語藝學門開始不斷地累積自身的學術研究，也能自成一格，重新樹立研究對象、範圍與研究方法。除了借鑑自古以來語藝學累積的資源，同時還有前人或當代著名演說者的公共演說。

　　同時，由於語藝學門在近代是從文學分離出來，借鑑文學批評的範式，也衍生出了語藝批評（rhetorical criticism）的新框架。從剛開始主要是從公眾人物演說的分析，以古典語藝學，主要是以亞里斯多德的《修辭術》中提供的概念或分類方式爲主。但是又因過往亞氏修辭術本來關心的是如何發表一篇說服公眾的演說，現在則是反過來，從一篇已發表的演說中，運用過往的概念來分析，說明這篇演講的說服策略。因此，這種類型的分析方式被歸納爲「新亞里斯多德批評」。

　　1960年代之後，有學者認爲新亞里斯多德批評太過重視人物取向、受眾效果以及分析框架有限等，進而發展出其他語藝批評的理論與框架，諸如類型批評、意識形態批評、幻想主題批評、戲劇五因分析等等。這些批評方法各有其理論背景，諸如從社會學、心理學、文化研究、文學等借鏡，然後發展出不同的分析架構。研究對象除了演講詞外，更逐步擴大到小說、電影、廣告等各式各樣的訊息，豐富化語藝學的適用範圍。同時，語藝批評的好處就是框架明確，方便大學部或研究生學習套用，運用在不同的文本上，就能完成一篇報告或論文。

一、論證途徑

　　另外，也有學者是從論證方面來深化語藝學的發展。依照亞里斯多德的區分方式，數理學科的邏輯演證（demonstration）是有別於討論社會現象中公共議題時運用的語藝推論（enthymeme）。前者的概念比較容易界定精確，可以標準化，而且若依照三段式推論，大小

前提皆具有普遍性、必然性等性質。但是，在公共議題的討論上，大部分的議題主張與理由，在概念上都有一定的模糊性，推論的前提也多只有可能性，甚至時常省略前提，就進行推論。因此，邏輯演證與語藝推論成為兩種不同的推理方式。

比利時學者Chaim Perelman（1912-1984）從法律哲學切入，他在處理正義問題，發現形式邏輯不足之處。他從亞氏的《修辭術》中，汲取大量討論非形式邏輯的推理方式，寫成《新語藝：論辯的研究》（*The New Rhetoric: A Treatise on Argumentation*）。這有別於許多人已經將語藝界定在文字風格上的探索，因此，開展「新語藝」的風貌，重新拾起對於日常生活中論證的觀點。

相類似的，另一位哲學家Stephen Toulmin（1922-2009）也是對於形式邏輯不滿，修正傳統三段式論證的局限性，加入更多的觀察點，另外建立論證模式，稱為「圖門論證」（The Toulmin Model of Argument），備受語藝學者、論證學者的重視。以上兩人皆是從論證途徑，為當代語藝學增添新的發展發向，讓人們對於如何以日常語言建立有效論證，有更深入的瞭解。

🌿 二、後現代的權力解構與語藝

語藝學門除了從過往千年歷史中累積的經典著作、演說稿，在學術化的進程中，也逐漸藉由哲學、文學、社會學、心理學、政治學等領域理論思潮，建立自身研究對象與分析架構。由於語藝本身的原創性理論、概念有限，並未對於學術思潮產生太大影響。

不過，讓「語藝」或常被翻譯為「修辭」概念成為學術圈中流行術語，主要還是搭上後現代思維的浪潮。

扼要的說，從啟蒙運動以降，思想家們高舉現代性計畫的大旗，主張在真理、科學、民主等概念下，世界將逐步發展，更趨美好。可是在二十世紀，兩次世界大戰、冷戰以及越戰、中東戰爭，甚至到全

球性的氣候危機、核戰威脅、環境汙染、恐怖主義、金融風暴等，世界似乎沒有更好，甚至可能會走向人類毀滅。

　　人們對於政府、大財團、學者所提的一套套言之成理，看似科學、正義、民主的說詞，開始產生懷疑、不安與不滿。

　　對於現代性計畫的質疑，有學者從解構（deconstruction）的觀點，開始質疑這些大論述背後所隱藏的權力與利益。譬如，有論者認為美國攻打伊拉克，名義上是反恐戰爭，是為了推廣民主自由，但實質上卻是為了石油利益、美國國家權力擴張等。

　　這時，「話語」本身不再只重視表面意義，反而要關注字面意義之下的權力關係。而這種對於話語的質疑，正好可以套用「修辭」（說服策略）概念來解釋。因此，修辭概念開始成為學術界中常見的概念。從這種後設分析的視角，更能掌握社會現象。語藝也從原本關注說服公眾的功利性，而轉為更具批判性的解構概念。

🌳 三、語藝的多元發展

　　綜合以上，語藝學作為一個具有獨立學門的研究領域，透過與其他領域的重疊、借鏡，同時也迎上後現代的解構風潮而展現出多元的風貌。譬如，許多語藝學者對於女性主義、社會運動、同志運動以及非西方文化的語藝發展進行探索。同時，因應視聽影像的重大影響，學者們也開始展開「視覺語藝」（visual rhetoric）的探索。另外，也有學者借鏡心理學實證研究，更強化說服技巧的精進。

　　不僅如此，除了在學術領域中扎根，同時語藝學也提供了商業、政治領域中公共演說訓練的想像。舉例來說，像是網路上著名演講網站TED Talks的總裁Chris Anderson，在他的著作中就提到希望「重塑現代修辭學，提供建立新時代演說能力的跳板」（Anderson, 2016, p.xii）。因此，語藝學門不僅是理論的探索，同時也是實務領域中希望累積的重要技能。

四、回顧語藝學千年發展的啟發

綜觀語藝學數千年的發展，我們可以得到以下幾項觀察。

首先，語藝學具體關懷的對象並非恆久一致。千百年來，隨著不同時代各種社會脈絡的需求，語藝學展現了不同面貌。古希臘、羅馬時期原先偏重在培養公民大會上說服公眾的口語表達技藝，到後來，有論者強調是「良言之學」，強調說得吸引人，又能說得符合義理。然後，再轉變為關注書寫文字上的文學素養，甚至是偏重在結構與修辭格上的表現。此外，更因為基督教傳教的需要，原先偏重政治、司法演說，轉而關注如何爭取更多的教徒或者強化教徒信念的宗教性內容。

到當代，語藝的發展更是多元。研究對象也從演講、文字、符號、表演到影音。因此，對於語藝學的研究似乎不用畫地自限，隨著時代變遷，本來就應該擴大到不同的研究焦點。

其次，雖然語藝學門與時俱新，但是語藝學作為一門學問，仍然有其核心關懷。因此，語藝學的焦點可能是公共演說、優美文字、傳教、風格、論證等等，筆者認為，其實仍可以歸納到一個重要的軸線，就是「說服」。這就像是經濟學門核心關注是「選擇」，政治學門可以說是「權力」或「國家」，哲學則是關注「真理」。這種核心也賦予了學門的獨特性，區分了一塊板塊，與諸多學門交互影響。雖然不時會藉用其他領域的成果，讓語藝學門獲得新的啟發。同理，語藝學門也可以對於其他學門貢獻獨到的視角，幫助人們對於社會現象能有更多的瞭解。

但是，語藝學門若過度強調自己無所不包時，則容易失去一門學問的自主性。當語藝想要涉入其他領域時，本身卻無足夠的理論涵養、歷史脈絡與概念工具時，就不容易受到重視。畢竟，經過學科分工之後，各個學門皆已累積龐雜的知識體系。語藝學門作為一種獨到的觀點或者視角，不宜無所不包，同時也應不時地強化瞭解自身歷史

脈絡，才能在前人累積之上，做出更進一步的貢獻。

　　第三，對於一個在華文世界中的學習者而言，語藝學門是一個非常值得被理解推廣的學門。尤其當代西方文化重要淵源之一，古希臘羅馬文化，這一支對於現代民主體制的歷史傳承及理論淵源，深具影響。而其中，語藝學門就是西方古典學術中的重要一環，同時也是西方民主思潮的根基，綿延至今。

　　然而，古典意義的語藝學門，在中文世界中，往往只承接到文學領域的「修辭技巧」，而沒有討論在公眾生活中的說服以及對於語藝更為哲學性的思辨。同樣的，在中文學術領域中，這種古典意義的語藝學門相關著作仍然十分有限，而各大專院校開設這類課程的系所也同樣稀少。

　　因此，倘若能讓更多人認識語藝學，讓更多人瞭解西方民主思潮中的重要一環，讓更多人懂得正反思考、聆聽論辯的重要性，才會使得我們的民主更深化，不會是只有形式，而缺乏實質的內涵，這是在華人社會中推廣語藝學教育的重要使命。

　　綜上，本章扼要簡述語藝學門的起源、歷史演變，希望讓讀者對於西方語藝學門能有一個大致的輪廓。同時也指出語藝學門與時俱進，關注的焦點隨著時代脈絡需求而不同，不過仍然有其核心關懷。當代網路科技的發展，人們的通訊傳播、往來互動，大多透過數位資訊進行。因此，語藝學門如何在數位時代，既能因應新的傳播媒介，又能立足於核心關懷之上。本章介紹了歷史脈絡，作為知識基礎。接下來各章就具體地開展出數位語藝應用的多個面向，展現語藝學門的現代風貌。

參考文獻

一、中文部分

何博超（2012）。高爾吉亞《海倫頌辭》譯注。**古典研究**（冬季號）。

胡全威（2009）。修辭與民主：亞里斯多德論政治修辭。**政治與社會哲學評**

論，**31**，頁127-174。

胡全威（2011）。柏拉圖論政治修辭。**政治思想史**，**2**(2)，頁1-28。

胡全威（2017）。修辭教育與共和政體：西塞羅論理想演說家。**政治與社會哲學評論**，**60**，頁1-40。

葉秀山（2007）。**前蘇格拉底哲學研究**。北京市：社會科學文獻出版社。

劉小楓編（2015）。**古希臘修辭學與民主政制**。上海市：華東師範。

劉亞猛（2005）。**追求象徵的力量：關於西方修辭思想的思考**。北京市：三聯書店。

劉亞猛（2018）。**西方修辭學史**。北京市：外語教學與研究。

二、外文部分

Anderson, C. (2016). *TED talks: The official TED guide to public speaking*: Houghton Mifflin Harcourt.

Anderson, G. (2005). *The Second Sophistic: A cultural phenomenon in the Roman Empire*: Routledge.

Borchers, T. (2006). *Rhetorical Theory: An Introduction*. Long Grove, Illinois: Waveland Press.

Conley, T. M. (1990). *Rhetoric in the European tradition*. New York; London: Longman.

Copeland, R. & Sluiter, I. S. (2009). *Medieval grammar and rhetoric: Language arts and literary theory, AD 300-1475*. Oxford: Oxford University Press.

Dues, M. & Brown, M. L. (2004). *Boxing Plato's shadow: An introduction to the study of human communication*. McGraw-Hill.

Kennedy, G. A. (1963). *The art of persuasion in Greece*. Princeton, N.J.: Princeton University Press.

Mack, P. (2011). *A history of Renaissance rhetoric, 1380-1620*. Oxford; New York: Oxford University Press.

McKerrow, R. E. (2010). Research in Rhetoric: A Glance at our Recent Past, Present, and Potential Future. *Review of Communication*, *10*(3), 197-210.

doi:10.1080/15358590903536478

Murphy, J. J. (Ed.) (1971). *Three Medieval Rhetorical Arts*. Berkeley: University of California Press.

Romilly, J. D. (1992). *The great Sophists in Periclean Athens* (J. Lloyd, Trans.). Oxford: Clarendon Press.

Schiappa, E. (1990). Did Plato Coin Rhetorike. *The American Journal of Philology, 111*(4), 457-470.

Schiappa, E. (2003). *Protagoras and Logos: A study in Greek philosophy and rhetoric*. Columbia, South Carolina: Univ of South Carolina Press.

Skinner, Q. (1996). *Reason and Rhetoric in the Philosophy of Hobbes*. Cambridge; New York: Cambridge University Press.

Skinner, Q. (2018). *From humanism to Hobbes: Studies in rhetoric and politics*. Cambridge: Cambridge University Press.

Wardy, R. (1998). *The birth of rhetoric: Gorgias, Plato and their successors*. Oxfordshire: Routledge.

第三章

口語表達的專業化發展及數位化轉向

李佩霖

第一節　口語表達的歷史發展

　　回顧西方語藝學發展的歷史，口語表達的重要性從一開始就占據了重要的地位。根據祝振華（1992）的說法，西元前3200至2800年間的埃及，就已經有人寫了口語傳播的專門著作。至於有系統性的研究口語表達，通常是追溯到古希臘羅馬時代。西元前五世紀時，當希臘西西里島的殖民地斯若克斯（Syracuse）的獨裁君主被推翻之後，當地的公民需要取回原來的土地擁有權，但由於當時沒有律師之類的訴訟代理人制度，因此公民便需要上法庭爲自身主張權利，並說服陪審團。當時有一位人士Corax提出需要有系統性的教授在法庭上說話的必要性，於是寫了一本書名爲《語藝的藝術》（*The Art of Rhetoric*）（Foss, 1991/1996）。這本書現在已經失傳，但從後人對這本書的描述中可知，作者在這本書中說明了法庭演辯的基本結構，而最重要的是傳遞了如何使用「可能性」（probability）的邏輯概念，增加自己的論點的可信度（劉亞猛，2008）。從這本書開始，口語表達的重要性逐漸爲人重視，後續並發展出不同的流派及哲學概念，因此這本書可被視爲西方語藝學的濫觴。

　　在古希臘時代，口語表達的重要性在智者派（Sophists；或譯作詭辯派）人士的推廣下，雖然成爲一種可被傳授的學問，但也同時被哲學家柏拉圖嚴重質疑。柏拉圖反對智者派所主張的實用路線，而他所提出的「對哲學思考與辯證（dialectic）的信仰」（Foss, 1991/1996, p.5），則爲西方語藝學的哲學理論發展建立了重要的基礎。柏拉圖的學生亞里斯多德整合了前人各方的看法，並寫就了《語藝》（*The Rhetoric*）一書；在這本書中，亞里斯多德強調道德的重要性，並認爲語藝的本質便是說服的能力。亞里斯多德之後，並沒有重要的語藝著作流傳下來，這樣便一直到了古羅馬時代，由西賽羅

（Cicero）及昆體良（Quintilian）為代表當代的重要語藝學者；而他們的著作，皆展現了當時羅馬時代注重實用的特質，因此除了強化演講辯論的結構論述及創作風格之外，還將語藝學融入了教育理念之中（Foss, 1991/1996; 祝振華，1992）。

　　在古希臘羅馬時代之後，由於政治體制的轉變，語藝學中對於口語表達的哲理及學術論辯逐漸沉寂，縱觀整個中古世紀及文藝復興時代，語藝學轉向以書寫、傳道及教育為重；這個傾向延續至近代的十八世紀，才由演講術運動的興起，重新拾回語藝學中重視口語表達的傳統（Foss, 1991/1996）。然而，回顧那個時期對於口語表達的重要著作可發現，由於受到了理性主義的實證科學理念的影響，當時對於演講術的論述主要著重在技術性的技巧面向，對學理的著墨不深。由於語藝學在中古時期發展出對書寫的重視，在進入二十世紀之後，語藝學的發展便有了明確的分流：注重書寫的語藝學續留在文學及教學領域，而口語傳播學系的開創則重拾語藝學中重視公眾演講及口語表達的傳統。

　　相較於西方語藝學，始於中國的漢語語藝學有著完全不同的走向。事實上，雖然英語都用同一個單詞Rhetoric，但在中國哲學發展史上，這個詞通常翻譯成「修辭學」。它所重視的是以研究修辭格為主的形態修辭（tropological rhetoric），這與注重說服的西方語藝學有很大的不同（溫科學，2009）。除了在本質上的不同之外，根據溫科學所言，「中國古代一直沒有在知識領域區分出修辭學來……因此對修辭有定義，對修辭學則沒有」（頁45）。由此可知，漢語修辭學的發展並未像西方語藝學一般有著完整的哲學及學術論述體系，而是散見於各種類型的學術著作之中，作為士人階層講究創作及書寫功力的技術提升。

　　之所以有這樣的發展，跟中國古代的政治體制及學術發展有緊密關聯。在春秋戰國時期，由於百家爭鳴，各國之間需要發展合縱連橫的外交關係，這使得雄辯技巧及遊說策略受到重視；當時的縱橫家

特別注重口才及說服技巧的發展，而名家所注重的邏輯也普遍運用在論辯之術上。但到了漢代帝王獨尊儒術之後，重視口語表達的學派不再有發展的空間，因而迅速的沒落，這也造成了漢語修辭注重書寫而不重口語表達的普遍認知。但如此對漢語修辭的認知其實也是一種迷思。Garrett（1993）便指出，漢語修辭其實發展出了一個複雜的論證傳統，這些傳統「在說明論證和論證理論如何在各種語言、社會、政治和文化背景下發展的過程中具有特殊價值」（p.105）。Lee（2020）則曾經回顧古代中國哲學之核心典籍，例如《易經》、《禮記》、《墨子》、《荀子》、《文心雕龍》、《鬼谷子》等等，並從中擷取古代典籍中關於人格塑造、說話技巧、文本結構、說者／聽者關係等面向，並將之轉化成可運用於現代演講學的技巧。而Lu（1998）則回顧了古代中國哲學的重要著作之後，整理出六個與口語表達、辯論及說服有關的關鍵詞彙，分別為：言、辭、諫、說、名、辯。簡而言之，雖然子曰：「君子欲訥於言，而敏於行」，但訥於言並不等同於拙於言；放眼中國古代的哲學典籍，雖然不同於西方語藝學有專門的著作及完整的知識體系發展，但從散見各典籍的隻字片語當中，仍可統整出中國傳統哲學中對於口語表達的基礎概念，因此，漢語語藝學也對現代口語表達的專業發展起著一定程度的影響。

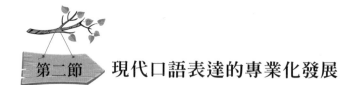

第二節　現代口語表達的專業化發展

一、公眾傳播

從上一節對於西方及漢語語藝學的回顧可得知，西方語藝學從發展初始便有重視口語表達的傳統；而漢語語藝學雖然表面上有著「沉

默是金」的傳統，但若從典籍中抽絲剝繭，仍可發現其中重視口語表達、邏輯論證及說服技巧的面向，這使得兩造在語藝學發展史上，都對於口語表達之現代學科與專業發展起了直接或間接的影響。從西方語藝學的發展來看，最能夠承襲其重視口語表達傳統的現代發展，便是口語傳播學科系的創立及發展。然而不可否認的，現在許多美國的大學已將當時被稱為演講系或口語傳播學系的名稱，改為範圍更加廣泛的傳播學系；而仍然保留口語傳播學系名稱的科系，除了原有之重視口語表達的公眾溝通之外，重視人際溝通的各個面向，也是主要的發展領域。

　　承襲這個傳統，不論是在學術專業或強調生活實用的領域，演講術的發展及應用成了熱門的顯學。在學術發展的面向上，除了西方古典語藝學重視的演講架構、論證素材、道德素養及語言風格之外，也傳承了十八世紀西方演講術運動所重視的發表技巧。基本上，現代的演講學將演講的類型分成告知演講（speaking to inform）、說服演講（speaking to persuade），以及特殊場合演講[1]（speaking on special occasions）（Lucas, 2009/2014; Makay, Butland, & Mason, 2008）。而受到1950、1960年代發展之新語藝運動的影響，現代演講學也十分重視以聽眾為中心的發展演講架構；Lucas便指出，演講者在準備演講的階段，演講者必須要思考誰是這場演講主要的訴求對象、演講者希望傳遞的理念是什麼，以及如何能夠有效地傳達理念。黃仲珊、曾垂孝（1993）則認為，演講之前、之中及之後都需進行聽眾分析，而聽眾分析可以協助演講者降低演講恐懼、協助演講者選擇適當的修辭、幫助演講者有效的組織講稿，以及從聽眾回饋中獲取重要訊息以改善日後的演講。

---

[1] 特殊場合演講包含了多種類型，例如娛樂演講、故事演講、慶祝演講、紀念演講、祝酒辭，以及各種儀典場合的口頭發表（參見Worley, Worley, & Soldner, 2008；游梓翔，2009；Lucas, 2009/2014）。

　　演講學除了在學術領域有專門論述之外，在坊間也有許多著作教導人們如何將演講運用在生活世界中，甚至讓它成為一門專門的職業。舉例而言，Perlman（1998/1999）根據他多年為自己及他人撰寫講稿的經驗，從分析聽眾、引人入勝的方式、專業知識的速成、對趨勢的快速掌握、引用說服論證的方法、開場與結尾的技巧、對時間的掌握等等面向，教授一般民眾如何撰寫一篇有力的演講稿，也介紹了這個領域的基本入門法則。Thompson（1998/1999）則從自身由學術界進入商界的親身經驗中，說明演講不只能精進自身的表達技巧，以求取在職業上的升遷及發展；演講本身便是一種可以賺錢的職業。Thompson將教學性質的演講轉變成演講技巧訓練營，專門培訓企業高階執行者；其他的收入也包括了講稿撰寫，以及經營演講仲介公司。Weiss（1993/1999）寫了一本專書專門介紹「職業演講」這個行業，在序言中提到，他第一次演講時，一天的薪酬是750美元，到了他寫這本書的時候，他單是進行45分鐘的主題演講，酬金便是當年的10倍。Scannell（1998/1999）提及，當時美國的會議市場是個有著高達750億美元的行業；根據Shapiro（2018）所言，這個市場已經發展成年產值3,300億美元的龐大商機，而這僅是指美國國內而已。由這樣的金額來看，演講學的職業化發展的確是必然的趨勢。

　　除了在各種會議、企業訓練等場合發展的職業演講者之外，近年來TED演講的風行也帶動了另一波注重演講專業技巧的潮流。不同於職業演講者，TED演講大會的演講者並不是以賺取薪酬為目的。TED是Technology、Entertainment及Design三個英文單字的縮寫，這是一家由The Sapling Foundation持有的美國私有非營利組織，「TED成立的宗旨就是分享值得傳播的理念或觀念」（Donovan, 2012/2013, p.5）。根據Donovan的介紹，TED的演說者大致分成兩類，一種是已經在自身領域中獲得頭銜及成就的菁英人士，一種則是擁有精采人生際遇的平凡人。TED演講的核心理念便是從說故事出發，由自身的經驗去感動他人，這也帶動了一股故事表達的風潮。例如，Gallo

（2016/2016）發現人們對於TED講者如何說故事特別感興趣，因此，他從引起許多迴響的TED演說中，統整出如何有效且簡潔的說故事法則。Leitman（2015/2016）則從自身從事演員及脫口秀的經驗出發，講解如何從自己的生活經歷中挖掘故事，以及如何鋪陳故事情節、導入觀點、設計角色，以及其他能引人入勝的故事表達技巧。相較於結構嚴謹的類型演講，如同Allan（2012/2013）所言：「說故事並不只是在溝通，更是在傳達熱情、情感和希望……你的訴求必須從論述和邏輯，轉換成一種打動觀眾的傳達方式。」（p.209）換言之，故事表達是用一種更為生活化的傳達講者的理念；而隨著TED大會在全球各地所延伸出的「TEDx項目」（TEDx Project），這股從TED演講中所帶動的故事表達風潮，也從美國本土拓展到了世界各地。

二、大眾傳播

上述所論及之演講及口語表達的現代性發展，雖然也延伸到各種領域，甚至創造龐大的商機，但主要還是著重於個人口語表達技巧的精進。隨著科技的發展，在大眾媒體，特別是電子媒體中的廣播及電視逐漸成了人們主要的訊息來源之後，「如何在媒體上進行口語表達？」便成了將口語表達導向專業化發展的思考方向。在這個領域中，可大致分為廣播及電視的主持，也包括了新聞播報及新聞評論。這方面的專業知識，雖然也有專業從業人員根據己身工作經驗出版相關書籍（例如崔小萍，1994；姚喜雙，1998），但基本上，西方的大學並未成立專門的科系；但是在中國大陸的高教體系中，由於其重視電子媒體之口語表達，促使其成立了以「播音主持」為主的專業學系。

根據劉秀梅與邵慧（2016）所言，廣播電臺的發展引領了播音主持專業的誕生。1928年，荷蘭的廣播電臺開啟了一個叫做Happy

Station Show的節目，而該節目的第一代主持人Eddy Startz被視作全世界第一個廣播主持人。而電視的普及化則帶動了電視節目主持的潮流，於是在1948年的美國，CBS製播的綜藝節目《艾德·蘇利文秀》（The Ed Sullivan Show），造就了主持人Ed Sullivan成了當時電視主持界的天王；其所製播的15分鐘晚間新聞，則由Douglas Edwards擔任新聞主播。以上皆是廣播電視主持發展階段中，具有承先啟後地位的重要主持人。

由此可知，主持播音作為一門專業，是二十世紀伴隨著傳播科技的發展歷程而逐漸衍生的。高貴武（2018）將主持傳播界定為同時肩負起大眾傳播及人際傳播的責任，因此他說：

> 作為大眾傳播中的一種獨特樣式，主持傳播雖承擔著重要的大眾傳播功能，但也因其在大眾傳播與人際傳播之間架起了銜接的橋梁，使大眾傳播成為一種類人際（或擬態人際）傳播而被稱為大眾傳播與人際傳播的結晶，主持傳播也因此順應了大眾傳播的人際化發展潮流。（頁7）

從上述定義可知，隨附著大眾傳播媒體產生的主持人專業，其功能是運用大眾媒介作為中介物，進行人（主持人）與人（閱聽眾）之間的類人際傳播。

應天常（2007）對節目主持人的定義為「在大眾傳播活動的特定節目情境中，以真實的個人身分與交談性言語交際行為，通過直接、平等的交流方式主導、推動節目進程，體現節目意圖的人」（轉引自戰迪、施斌、王亮、趙如涵，2017，頁5）。陸錫初（2013）則更清楚地界定節目主持人的角色，以及其與播音員之不同之處。首先，主持人與播音員在工作職責上不同：相較之下，節目主持人所涉獵的範圍更加廣泛，包括幕後的企劃、幕前／幕後的採訪、現場的播出，到聽眾的回饋。再者，兩者與節目的關係不同：主持人需參與節

目企劃的整體流程，而播音員通常只需參與播音的部分。在身分上兩者也不相同：主持人是以第一人稱出現在媒體節目中，而播音員則是以第三人稱的身分傳達他人所編製之報導、稿件的主題思想。在對象感的設定上，播音員則較為單純，只需按照「一對多」的設定與閱聽眾交流，而主持人所需設定的對象感更為具體，通常為「一對一」或「一對幾」，以塑造出直接與閱聽眾溝通的情境。最後，在播報的方式上，主持人重視交談式的模式，而播音員則採取宣讀式的播音方式。

　　由以上各種對主持人的界定可知，廣播及電視主持人是一門需要專業技術及知識的行業，因此在主持播報上的專業訓練必不可少，而其中的聲音表情及發音訓練算是入門功，就如同張德娟（2019）所言：「播音員、節目主持人是以有聲語言作為表達手段……節目是透過傳遞訊息、溝通媒介與聽（觀）眾的聯繫，在每一個主持過程中，幾乎都離不開有聲語言這個載體。」（頁41）在聲音的訓練上，臺灣雖然沒有專門的播音主持科系，但也有經驗豐富的從業人員從自身經驗出發，出版具系統性教學訓練的書籍。以崔小萍為例，她是臺灣早期的著名廣播節目主持人，其所出版的《表演藝術與方法》一書是從戲劇藝術的理論出發，多元性的探討舞臺劇、電影、電視及廣播的表演藝術。在該書探討「聲音表情」的章節中，她說：「利用『聲音』表達內在情緒的變化，是相當重要的，簡單的來說就是『聲音表情』……從聲音中可以感覺出人物性格的強弱。」（崔小萍，1994，頁113）因此，崔小萍從聲音的共鳴練習開始，簡述如何訓練不同類型的「哭」與「笑」，以從中豐富聲音表情的內涵，再經由朗讀、繞口令及國語中輕重音、音調轉變等方式，精確的校正國語發音。

　　在中國大陸，由於其高教體系中即有播音主持的專門學系，因此對於主持人之口語表達訓練有著更具系統性的訓練教材。舉例來說，中國傳媒大學曾出版了《實用播音教程》的套書，在其第一冊《普

通話語音和播音發聲》中，開宗明義地便說明透過專業性的系統訓練，可使播音主持專業的學生熟悉普通話的發生理論，並運用科學的發聲方式，以完備日後播音主持工作的需要（吳弘毅，2002）。此外，聞閘（2009）出版了《播音主持話語技巧訓練》一書，這本書以「色彩」來形容播音主持時所需的聲音表情；作者所列舉的基本色彩，便有明快、流暢、躍動、凝重、沉重、熱情、激烈、平和、輕盈、義正詞嚴等21種之多。而從音調高昂或低沉、節奏快速或緩慢、語調輕鬆或緊湊、語速急迫或緩和、音量大聲或小聲、出力輕巧或使勁、發聲明亮或微弱等等組合，可以用來訓練句子組成的表現形態。之後再有專章探討如何訓練聲音的情感表現，以及從語句間的邏輯關係及組織架構，再到對事物的想像感受，至對文本內容的主題掌握等面向出發，全面性的訓練如何拓展主持人專業的聲音表現模式。

除了對發音及聲音表情有著高度專業化的教學之外，對於不同媒體及不同類型的主持模式，也有相對應的訓練教材及相關著作。以廣播播音來說，廣播主持或播音員的形態便分成新聞播音、評論播音、通訊播音、文藝播音及節目主持（陳雅麗，2002）。每一種類型對於主持人或播音員的要求皆不相同，以新聞播音為例，根據高蘊瑛（2002）所言，廣播新聞的播音及主持往往成為他人評價該廣播電臺的標誌性人物，因此，新聞播音需全面性的理解新聞報導文本的結構、事件背景、導言處理方式、報導內容的重要性等面向，並在播報時以聲音展現態度及情感的控制；此外，對於數字、情節、專業或技術性強的內容、長句與快讀處理及雙人播報等，皆有不同的處理技巧。至於廣播節目主持人的訓練重點則與播音員不同，強調的是精煉生活口語以達雅俗共賞的「有聲語言口語化」（白龍，2002，頁347）。除了對於字正腔圓的基本需求之外，張德娟（2019）建議廣播主持人需透過口齒清晰、吐納得宜的方式正確的傳達訊息，並在主持時融入情感及創造個性化的語言風格，此外也需豐富自身的知識，以明確的定位加深聽眾對主持人的記憶。

　　再以電視節目主持人來說，主持人即代表著一個節目的品牌形象，透過主持人對於節目流程的掌握，以及在口語表達、訪談技巧等面向的精確性，主持人將冰冷的傳播科技，以具有人情味的方式與閱聽眾相互連結，使閱聽眾得以透過主持人獲取新聞、娛樂或生活知識等不同類型的訊息。因此，戰迪、施斌、王亮、趙如涵（2017）認為「〔電視節目〕主持人通過其文化影響力的實現，延展了受眾的視聽空間，拉近了傳授雙方的心理距離，更對電視媒介的社會功能的實現起到了無可取代的推動作用」（頁16）。而電視節目因為類型的多樣性，對主持人的專業訓練也有所不同。以電視新聞評論類型的節目為例，吳郁（2003[a]）認為，主播型的主持人需要能夠熟悉不同新聞類型的口語表達方式，並要能夠熟練的引導棚內及現場的串連播報；此外，主持人最好能夠根據受眾調整播報的方式，並從中建立起個性化的品牌形象；最後，主持人需要具備掌握新聞流程及現場報導的專業新聞素養。至於記者型的主持人，則更注重訪談的技巧，他們同時也有更多與觀眾面對面溝通交流的機會。至於娛樂類型的節目，吳郁將其分為綜藝節目、晚會節目、競技節目、遊戲類型節目、益智節目，以及以欣賞性、介紹性、知識性、訪談性為主的文藝節目。根據吳郁（2003[b]）所言，不論哪一種娛樂節目主持人，其共同的能力表現在「語言的表現力、感染力，它既包括聲音彈性的基本功，又包括語言的組織能力，還包括非常態下機敏得體的控場能力，以及能給人帶來美感的演播能力」（頁257）。由此可知，雖然與上述新聞節目的主持人相比之下，娛樂節目主持人有更多的空間可以建構個人風格，並在口語及肢體表現上更具自由度。但不論哪一種類型的主持人，在口語表達上皆需具備高度的專業素養。

第三節　口語表達的數位化轉向

　　雖然電子媒體依然在現代社會中扮演重要的角色，但對現今沉浸於網路科技的人們來說，他們獲取資訊的來源更加多元，對於網路的依賴性也更大。根據潤利艾克曼公司在2020年第四季所公布的媒體大調查資料[2]顯示，以臺灣北部地區民眾的媒體使用習慣而言，在電視、電臺、雜誌、報紙及網路五大媒體的總接觸率方面，民眾7天內使用網路的比例高達84.23%，已超越了排名第二的電視（75.03%）；至於在獲得新聞資訊的來源上，以網路媒體的57.56%略高於電視媒體的50.33%。

　　網路科技的發展將各種類型的媒體串連在一起，因此進入了全媒體的時代。根據陳清河（2019）的看法，「全媒體不但是多媒體共棲融合（media symbiosis）的呈現，也是跨媒體、跨產業、跨載具與跨域化的思維下，進而促成自媒體、滑媒體、串媒體、跨媒體、互動媒體、流媒體與社群媒體等形式的擴散」（第四段）。網際網路使得人與人之間的交流方式改變了，便如同高貴武（2018）所言，透過網路資訊傳送者及接收者皆可以對對方聞其聲、見其人，且「傳者與受者之間還可以隨時互動、及時反饋，克服了電子媒介時代受者對於傳者……不能即時互動的侷限，可謂將大眾傳播的人際性再次推向了新的高度」（頁8）。而在這個強調媒體融合的數位化時代下，對於口語表達專業最重要且直接的影響，便是運用科技在虛擬與真實之間取得更大的發展空間，超越有限的展演場域與媒介（例如會議、教育訓練、廣播、電視等等），以及突破菁英式的專業訓練（例如職業演

2　資料來源：2020年第四季「潤利艾克曼公司」媒體大調查報告。取自http://www.rmb.com.tw /?download=297

講人，或者受過專業訓練的主播、播音員、節目主持人等等）。

網際網路的發展雖然會造成傳統媒體的衰敗，但在網路科技幾乎全面進駐人類生活的今天，事實證明傳統媒體並未因此死亡，反而以新的形態重生。以廣播這個極其強調口語表達專業化訓練的行業來說，牛力（2018）認為「廣播（Radio）並不會消失，只是將被音頻（Audio）概念取代」（頁22）；而他所設想的未來廣播形態之一，是走向「一對一的聲音陪伴」的訂製型廣播。這種新形態的廣播可運用音效科技的方式虛擬各種日常生活場景，視聽眾的不同訂製需求，將平時遙不可及的明星或主持人，根據場景設計成一（明星、主持人）對一（聽眾）的伴隨狀態；如此一來，雖然場景音效是虛擬的，但主持人及聽眾在陪伴服務時的互動交流卻是真實的，且這種陪伴效應可以藉由粉絲分享、按讚等方式贏取獲利。

從以上對於未來廣播形態的設想中，展現出傳播模式在數位時代中的翻轉。一改傳統大眾傳播的線性傳播模式，數位時代的傳播途徑「由過去傳統媒體的自上而下的「廣播」發展成為相互傳遞式的『互播』」（劉秀梅與邵慧，2016，頁128）。這個「互播」的概念顯示出閱聽眾從較為被動的訊息接收者，轉而成為主動積極的訊息選擇者，甚至訊息製造／發送者，因此有更多的網路及社群媒體平台可以提供非專業媒體從業人員製播訊息，而人們能夠依賴的訊息傳送來源也更加多元。同時，網際網路「不僅真正實現了個性化的傳播服務，而且也使『廣播』（broadcasting）變成『窄播』（narrowcasting）成為可能」（劉秀梅與邵慧，頁128）。這裡所提及的「窄播」概念，則說明了在數位時代下，媒體的屬性從大眾傳播走向分眾傳播；換言之，媒體訊息的內容將根據閱聽眾的多元興趣而設計，小眾的需求因此被強化，而不再隱沒在大眾化的喜好之下。

數位時代所帶來的傳播生態轉變，對於口語表達專業來說，一方面挑戰了既有的傳統的專業表達套路，但另一方面，也讓更多人有機會在鏡頭前以口語表達展現自我，使得媒體的口語表達模式打破既有

的框架，而擁有更個性化的呈現。以節目主持的領域來說，根據王彪（2018）的看法，網路時代的主持人若要突破過往僵化的節目框架，除了擁有更多的自主意識，也需要自身培養創造力以凸顯個人建構角色感及意識感的主持天賦。此外，主持人與節目的關係也因主持人個人識別度的提高，而從「以往的『媒體座標』、『設計座標』轉為『個人座標』與『生成座標』」（頁191）。這樣的轉變代表著在數位時代中，電子媒體的節目主持人將面臨「去腳本化」的挑戰，因此，他們將有更多的空間展現自我個性以培養個人品牌與識別度，而專業的口語表達能力仍將是他們因應時代快速變遷的首要能力。

除了傳統電子媒體的節目之外，網路媒體因入門門檻低、更能快速貼合分眾興趣等特性，因此如雨後春筍般地快速發展出許多不同類型的節目，對於主持人的要求也更多樣化。宋曉陽和黃千碩（2018）在論及網路綜藝節目主持人時，舉出遊戲感、藝能感、腳本化、個人技以及價值觀等五項業務能力。遊戲感指的是主持人除了傳統上引導及掌握節目流程之外，也需要知曉如何運用肢體語言、即興反應，以及幽默風趣的口語表達與嘉賓一起參與遊戲，提高節目的完成度。藝能感是指主持人需要以語言風格及肢體動作創造出性格鮮明的人物設定特色（即所謂的「人設」）。腳本化是指網路節目主持人仍需注意節目流程及腳本的設計，因此，主持人在鏡頭前所表現出的「真實」，其實依靠的是其主持功力，事實上這種「真實感」仍屬於一種角色化的演出。個人技是指網路綜藝節目主持人面臨快速且多面向的挑戰，因此相較起傳統電子媒體節目的主持人來說，更需要培養多方面的才藝及綜藝感。價值觀則是指網路綜藝節目主持人雖然擁有更大的創作及言論自由度，但仍需扮演傳遞正能量的社會功能角色。

除了節目主持人之外，數位時代的一大特色便是自媒體當道。幾乎每個人都有一至數個社群媒體帳號，製播影音內容技術也已經相當成熟，且入門門檻不再高不可攀，普通人都能夠用合理的價錢取得基

礎錄製與剪輯設備，最重要的是影音串流平台使得人人皆可經營自己的頻道。這樣的媒體生態環境造就了網紅經濟的崛起，也使得You-Tuber及直播主成為新興的熱門行業。坊間關於教導素人如何成為直播主、網紅行銷術等書籍因此大為熱銷，也帶動網紅培訓、網紅經紀公司等相關產業風生水起。

　　以教導人們如何成為網紅的書籍來說，大多是身處直播相關產業的從業人員現身說法，以自身的經驗教導素人從零開始認識這個產業，以及如何培養相關技能。舉例來說，Hennessy（2018/2019）將網紅分為內容創作者及生活直播主；根據她的定義，「內容創作者是那些憑空創作出部落格、影像部落格和Instagram照片的人。生活直播主是那些只是過著他們最好的一面，你因為他們的動態消息顯露出十足令人驚嘆的內容而開始追蹤」（頁17）。她從這個出發點逐步的教導人們如何建立自己的社群、尋找粉絲／追蹤者、如何將自己經營成一個品牌並引人注意，以及如何從直播中去創造更多的財富。李英浩（2015/2017）則從設備購置、不同類型的網路節目製作、與粉絲的交流技巧，以及行銷經營技巧等面向探討網紅產業。此外也有從技術層面介紹影音串流平台、影片剪輯、流量分析等網紅需具備的基本知識（例如文淵閣工作室，2019）；還有從品牌行銷的角度討論網紅如何建立自我品牌、經營頻道平台、策劃宣傳與企劃模式，以創造更大的營利空間（例如羅棟鉉，2018/2019；于雷霆，2017）。

　　網際網路使得社群媒體當道，而社群媒體時代造就了網紅經濟（杜一凡，2017）。這對口語表達的發展來說自然是一大利基，因為自媒體當道的環境打破了口語表達專業訓練的菁英化色彩；當人人都有機會當直播主時，就代表人人都需要擁有基礎的口語表達能力。但值得注意的是，在絕大多數播音主持專業的學術專書或訓練教材中，雖然有系統性地論及網路時代的口語表達專業發展，以及如何因應數位時代的轉向，但其偏重仍是專業主持人的訓練。至於坊間傳授網紅知識的書籍，其鎖定的目標觀眾群是一般非經專業訓練的素人；

但在此類書籍中，有論及影音製播設備者、有介紹硬體環境者、有探討宣傳企劃能力者、有協助尋找自我定位者、有教導建構自我品牌者、有訓練提升行銷能力者，也有傳授與粉絲交流互動技巧者，但基本上少見專章或專門著作介紹如何提升網紅經濟下所需的口語表達專業能力。對於一個亟需口語表達技巧的產業來說，社群媒體時代下的口語傳播可以說是目前網紅經濟下尚缺的一塊拼圖，也是大有可為的發展方向。

第四節　結語：檢討與反思

本章的第一節從西方及漢語語藝學的雙重角度，探討口語表達在不同語藝哲學系統下的定位。第二節則從公眾傳播及大眾傳播等兩個方面探討現代口語表達的專業化發展。在公眾傳播的面向上，演講術的專業發展主要受到西方修辭學傳統的影響。以大眾傳播的面向來說，口語表達的專業發展主要體現在廣播、電視等各種類型的節目主持人之基礎訓練上，其涵蓋範圍包括對語音及發聲原理的理解，對詞彙、句子、乃至內容結構的掌握，再拓展至對聲音表情的掌控，以及從中發展出個人化的個性及品牌特色。第三節則是論及網際網路的發展對口語表達專業所帶來的衝擊和重生。在網路媒體當道的今天，網路節目有更多元的表現形態，主持人也擁有更多自主表現的空間。對於網紅及直播產業來說，當媒體訊息的製作及傳遞者不再侷限於少數受過專業訓練的人們手中時，便代表口語表達專業的菁英化壟斷已被破除。

在數位時代下，「人人都可能為直播主」的現象，意味著人人皆需口語表達的專業能力。以臺灣來說，坊間對於口語表達能力培養的認知仍停留在演講及簡報技巧的提升，對於網紅產業所需的口語表達

能力尚缺系統性的專門著述。事實上,這是一個必定要填補上的空
缺,因為若是缺乏對口語表達專業素養的認知,這些網紅及直播主們
可能無法精準地透過口語表達傳達資訊;而基本訓練的不足,也將直
接衝擊閱聽眾吸收資訊的完整度,並直接衝擊其製播內容的可信度。
因此若要從網紅經濟中獲利,人們需從語言表達、非語言表達、訪談
溝通、聲音表情、故事表達、單人/雙人/多人主持、外景主持、話
題引領、即興口語表達等方面,進行全方位的技術提升。

　　數位時代的來臨翻轉了人類傳播及大眾傳播的生態環境,在這當
中,最直接的衝擊便是公共領域與私人領域的界線模糊,以及訊息傳
送者及接收者的主客體易位。這些轉變使得個人隱私隨時可能暴露在
大眾的目光之下;此外,對於言論尺度的掌握分寸,也考驗著專業主
持人及素人網紅/直播主的媒體素養認知。因此,若僅是以技術層面
來探討口語表達的專業能力培養,未免太過淺薄。基於口語表達乃奠
基於語藝學的發展,因此,語藝哲學所重視的倫理/道德思辨,仍應
成為數位時代的人們在運用口語表達技巧時所需要的準則及規範。

參考文獻

一、中文部分

Allan K.(2013)。**說個撼動人心的好故事!理解+感性+說服的9個練習**
　　(劉盈君譯)。臺北市:天下雜誌。(原著於2012年出版)

Donovan, J.(2013)。**TED Talk:十八分鐘的祕密**(鄭煥昇譯)。臺北市:
　　行人文化實驗室。(原著於2012年出版)

Foss, S. K., Foss, K. A., & Trapp, R.(1996)。**當代語藝觀點**(林靜伶譯)。
　　臺北市:五南。(原著於1991年出版)

Gallo, C.(2016)。**跟TED學說故事感動全世界:好故事是你最強大的人生
　　資產**(許恬寧譯)。新北市:先覺。(原著於2016年出版)

Hennessy, B.(2019)。**網紅這樣當:從社群經營到議價簽約,爆紅撇步、葉
　　配紅略、合作眉角全解析**。臺北市:日月文化。(原著於2018年出版)

Leitman, M.（2016）。**說故事是一種眞誠的表演**（黃非紅譯）。新北市：木馬。（原著於2015年出版）

Lucas, S. E.（2014）。**演講的藝術**（顧秋蓓譯）。北京市：外語教學與研究出版社。（原著於2009年出版）

Perlman, A. M.（1999）。**最佳講稿撰寫**（林淑瓊譯）。臺北市：揚智。（原著於1998年出版）

Thompson, W. D.（1999）。**如何成爲名嘴：公益與私利兼具的演說**（丁文中譯）。臺北市：揚智。（原著於1998年出版）

Weiss, A.（1999）。**如何開金口：讓你賺大錢的演說術**（賈士蘅譯）。臺北市：揚智。（原著於1993年出版）

Scannell, E. E.（1999）。來自全國演說者協會的話。載於A. M. Perlman，**最佳講稿撰寫**（林淑瓊譯）（頁vii-ix）。臺北市：揚智。（原著於1998年出版）

于雷霆（2017）。**這樣玩直播，素人變網紅**。臺北市：Smart智富。

牛力（2018）。「I」時代的廣播和主持人猜想。載於高貴武、羅幸（主編），**中國主持傳播研究**（頁19-27）。北京市：中國傳媒大學出版社。

王彪（2018）。從萌芽、附屬、專業化到回歸超越：域外審視和歷時視野下的「主持」初探。載於高貴武、羅幸（主編），**中國主持傳播研究**（頁183-192）。北京市：中國傳媒大學出版社。

文淵閣工作室編著（2019）。**我也要當YouTuber！百萬粉絲網紅不能說的祕密：拍片、剪輯、直播與宣傳實戰大揭密**。臺北市：碁峰資訊。

白龍（2002）。節目主持藝術。載於陳雅麗（主編），**實用播音教程第三冊：廣播播音與主持**（頁347-431）。北京市：中國傳媒大學出版社。

杜一凡（2017）。**網紅淘金：打造個人魅力、粉絲行銷、讓吸睛變吸金**。臺北市：深石數位。

吳弘毅編著（2002）。**實用播音教程第一冊：普通話語音和播音發聲**。北京市：北京廣播學院出版社。

李英浩（2017）。**爆紅直播主的經營密碼：掌握吸睛關鍵，人氣收入無上限！**臺北市：台灣東販。（原著於2015年出版）

吳郁（2003[a]）。電視新聞評論類節目主持。載於羅莉（主編），**實用播音教程第四冊：電視播音與主持**（頁158-229）。北京市：中國傳媒大學出版社。

吳郁（2003[b]）。電視綜藝娛樂類節目主持。載於羅莉（主編），**實用播音教程第四冊：電視播音與主持**（頁256-262）。北京市：中國傳媒大學出版社。

宋曉陽、黃千碩（2018）。網路綜藝節目主持人的人才培養路徑與實際操作。載於高貴武、羅幸（主編），**中國主持傳播研究**（頁19-27）。北京市：中國傳媒大學出版社。

高貴武（2018）。生還是死：技術變革視野下的主持傳播。載於高貴武、羅幸（主編），**中國主持傳播研究**（頁6-13）。北京市：中國傳媒大學出版社。

高蘊瑛（2002）。新聞播音。載於陳雅麗（主編），**實用播音教程第三冊：廣播播音與主持**（頁1-158）。北京市：中國傳媒大學出版社。

陳清河（2019年5月17日）。**融媒體與全媒體：開啟一場未來的賽局**。取自 https://www.limedia.tw/comm/1858/

陳雅麗編著（2002）。**實用播音教程第三冊：廣播播音與主持**。北京市：中國傳媒大學出版社。

祝振華（1992）。**口頭傳播學**。臺北市：大聖。

姚喜雙（1998）。**播音學概論**。北京市：北京廣播學院出版社。

崔小萍（1994）。**表演藝術與方法**。臺北市：書林。

張德娟（2019）。**播音與主持技巧**。臺北市：雙葉書廊。

陸錫初（2013）。**節目主持人導論**。北京市：中國傳媒大學出版社。

黃仲珊、曾垂孝（1993）。**口頭傳播：演講的理論與方法**。臺北市：遠流。

溫科學（2009）。**中西比較修辭論：全球化視野下的思考**。北京市：中國社會科學出版社。

游梓翔（2009）。**演講學原理：公眾傳播的理論與實際**。臺北市：五南。

聞閘（2009）。**播音主持話語技巧訓練**。北京市：中國廣播電視出版社。

劉亞猛（2008）。**西方修辭學史**。北京市：外語教學與研究出版社。

劉秀梅、邵慧（2016）。**媒介主持論：電視節目主持傳播研究**。北京市：中國傳媒大學出版社。

戰迪、施斌、王亮、趙如涵編著（2017）。**電視節目主持藝術教程**。北京市：中國廣播影視出版社。

羅棟鉉（2019）。**韓國第一YouTube之神的人氣自媒體Know-How**（葛增慧譯）。臺北市：商周。（原著於2018年出版）。

二、外文部分

Garrett, M. M. (1993). Classical Chinese conceptions of argumentation and persuasion. *Argumentation & Advocacy*, *29*, 105-115.

Lee, P.-L. (2020). The application of Chinese rhetoric to public speaking. *China Media Research*, *16*(4), 81-93.

Lu, X. (1998). *Rhetoric in ancient China, fifth to third century B. C. E.: A comparison with classical Greek rhetoric*. Columbia, SC: University of South Carolina Press.

Makay, J. J., Butland, M. J., & Mason, G. E. (2008). *Public speaking: Choices for effective results* (5th Ed.). Dubuque, IA: Kendall/Hunt Publishing Company.

Shapiro, M. J. (2018, January 9). *U.S. meetings industry generates $330 billion annually*. Retrieved from https://www.meetings-conventions.com/News/Industry/US-Meetings-Industry-Generates-330-Billion-Annually

Worley, D., Worley, D., & Soldner, L. (2008). *Communication counts: Getting it right in college and life*. New York: Pearson.

第四章

表演藝術語藝

沈孟湄

　　表演藝術的發展源遠流長，是融合戲劇、舞蹈、音樂表演的綜合性藝術，至今仍是主流的藝術門類，並躋身文化產業，在文化推廣、文化發展中扮演重要的角色。表演藝術不僅是一種藝術的表現形式，也是使用符號資源的藝術，而選擇和使用符號來協商社會行動，是語藝實踐的表現（Hauser, 2002, p.6）。語藝學者Herrick指出，從戲劇、舞蹈、音樂所建構的符號系統中，許多方面都可以發現語藝的維度（Herrick, 2013, p.6）。將表演藝術聚焦語藝觀點與實踐的範疇，主要在探討表演藝術的語藝特質，彰顯表演藝術能在特定的情境發揮語藝的功能，並試圖達成語藝的目的。

　　古典語藝觀點視語藝為說服，Aristotle定義語藝是：一種能在任何一個問題上找出可能的說服方式的功能（羅念生譯，2016：1355b）。Cicero認為語藝是有效的說服藝術（Murphy et al., 2013）。新語藝觀點則強調語藝是認同，Kenneth Burke在《語藝──新與舊》（*Rhetoric─Old and New*）指出，舊語藝的關鍵詞是說服，新語藝的關鍵詞是認同（1951, p.203）。語藝批判學派致力於揭露語藝情境中的意識形態，視語藝為支配，具有宰制和合法化片面利益的力量（游梓翔，2006，頁6）。換言之，語藝有助於傳遞價值或是意圖，甚至可能召喚情感、形成態度、影響行動，最終目的在促成說服，或是形成認同，甚至揭示權力論述。

　　表演藝術語藝主要針對戲劇、舞蹈和音樂等現場表演，如何以不同的方式及廣泛的語藝形式影響觀眾。數位時代，表演藝術進入由數位科技等表演媒介所中介的現場表演，這種新的表現形式替表演藝術帶來哪些不同的語藝要素，使表演藝術語藝產生新的可能性？誠如語藝學者James Murphy所言，將「向他人提供有關未來話語使用的建議」作為定義語藝的一種方式（Creek & Murphy, 1994, p.9），數位表演藝術所展現的表演話語也如同一種「未來話語」，如何找到想法、安排和表達它們，表演藝術語藝在這種流變中的發展、變化與未來的可能性，是本章探討的重點。

第一節　數位時代表演藝術的語藝發展

表演藝術泛指音樂、舞蹈和戲劇等領域，主要通過人體的動作狀態和相應的情緒流動展現的力度，以此動態的過程、動態的造型來展現人的情感，成爲一種獨特的藝術形式（劉詩兵，2015）。表演藝術主要的特徵如下：

表演者：表演藝術是由表演者來呈現藝術，表演者包括演員、舞者、音樂演奏家等。

「三位一體」與「兩個自我」：表演藝術演員的三位一體理論指出，表演者用自身來呈現藝術，集創作者、創作的工具和創作的成品於一身。因此，表演者身上存在著兩個自我，第一個自我爲演員自身，第二個自我爲演員所飾演的角色，也就是工具，表演者用第一個自我來監督第二個自我。

現場性：表演藝術是在觀眾面前的現場演出。隨著現代科技發展，錄音和錄影技術以及網絡傳播管道，使私人可以「不在場」地消費表演藝術。不過，戲劇的現場性在於使戲劇能夠與觀眾的「當場反饋」互動，才不至於像電影的膠片般凝固（余秋雨，2013，頁262）；或是如Antonin Artaud（1896-1949）所言，影片必然受到膠片的限制，「在攝影機的過濾之後，它（指戲劇）無法觸及我們的敏感性」（桂裕芳譯，2015，頁87）。美國表演藝術學者Peggy Phelan堅持表演的現場性，他指出「表演的唯一生命在當下。表演不能被儲存、錄製、記錄或以其他方式參與再現的循環；一旦這樣做，它就變成表演之外的東西」（Phelan, 1993, p.41）。

🌳 一、戲劇、舞蹈與音樂表演中的語藝特徵

　　語藝能使符號的使用具說服力，喚醒美感或實現相互理解，讓戲劇、舞蹈與音樂的表演行動展現審美愉悅、令人難忘、有力、周到或清晰（Herrick, 2013, pp.6-7）。戲劇是語言藝術和表演藝術相結合的產物（趙灃、趙宋光，1998，頁8）。戲劇學派語藝理論認為，人們通過使用語言或符號的行動來管理社會情境，並協調社會行動，這些行動是有動機的，舞臺上使用符號的表演者也是（Hauser, 2002, p.203）。舞蹈表演中的許多動作也是象徵性的，它們根據舞者、編舞者和聽眾之間對意義的指涉系統來表達舞蹈的話語。音樂表演中的符號和演奏構成一種符號系統，使用音符、音調、旋律、和聲、聲音和節奏來傳達涵義，例如音樂技術被用來增強情境，訴說演出文本所欲表達的情感、氛圍、意念。因此，屬於表演藝術的戲劇、舞蹈和音樂均蘊含符號的形式，表演者是符號的使用者，透過表演與觀眾對話，分享動機，觀眾沉浸在表演的語藝行動中（Hauser, 2002; Herrick, 2013）。

（一）戲劇表演語藝

　　語藝具有戲劇的要素，戲劇則隱含語藝的特徵。亞里斯多德在《語藝學》[1]討論演說風格時，特別以演員的表現說明，在戲劇演出中，演員的作用比劇作家還要大，演出的成敗往往繫於演出的技巧（羅念生譯，2016：1404a）。臺灣語藝學者游梓翔（2006，頁5）指出，戲劇學派語藝理論將語藝看成戲劇，主張言者（rhetor）的戲碼（drama）會呈現他的世界觀，言者與受眾透過分享戲碼而形成共識，進而取得認同（identification）或同一。語藝戲劇五因論學者Kenneth Burke認為，語言符號的使用是一種有目的的行動，語言符

---

[1] 臺灣譯稱「語藝學」，中國大陸譯稱「修辭學」。

號中所呈現的戲劇內涵透露言者的動機（林靜伶，2000，頁64）。
Burke強調「分析語言和思維的技巧，視語言為行動模式，而非僅
是傳達訊息的方法」（Sonja, Sonja, & Trapp, 1991／林靜伶譯，
1996，頁194）。

1. 戲劇中的語言符號行動以及觀眾互動

美國戲劇學者、導演Robert Cohen在《戲劇》（*Theatre*）專
著中闡述，戲劇是表演，表演是為觀眾而採取的一個行動或一系列
行動，目的是提供或引起關注、娛樂、啟迪或參與（Cohen, 2003
／費春放主譯，2006，頁17）。德國劇作家Gustav Freytag（1816-
1895）強調意志和行動是戲劇性的兩個要素，理想的戲劇性應該而
且必然具備行動的持續力，沿著人們反應的階梯而延伸，而要取得戲
劇效果，有賴於臺下的觀眾，要達到強烈的劇場效果，就需正視觀眾
的接受能力，要使他們感受到真實與生活相連結（余秋雨，2013，
頁374-375）。

Cohen將戲劇表演與觀眾緊密連結，「一個絕對的兩人私下的交
談純屬『溝通』，但如果他們故意將交談內容讓第三個人聽到，目
的是為了打動或牽連第三個人，此時『溝通』就變成了『表演』，
這第三個人就變成了觀眾」（Cohen, 2003／費春放主譯，2006，頁
17）。雨果反對戲劇「為藝術而藝術」的主張，倡議戲劇一定要對
觀眾產生深刻的影響，他認為戲劇家不應只完成藝術的任務，「不應
讓群眾沒有得到一些辛辣而深刻的道德教訓就走出戲院」（余秋雨，
2013，頁322）。

戲劇的特徵還涉及表演和編排的行動，是一種形體等方面的表
演，強調編排故事。形體表演指戲劇的手段，包含語言、形體和內心
的表演。古印度《舞論》中寫著，「這種有苦有樂的人間本性，有了
形體等表演，就稱為戲劇」（同上引，頁68-69）。戲劇為演出而精
心構思劇情、劇目布局、編排的形體手段、演員對臺詞的表達與記

誦，以及最終在舞臺上演出發表，這些戲劇要素正是古典語藝五要素所指的構思、布局、風格、記憶與發表。

2. 戲劇中的論辯空間與社會行動

戲劇除了是演出的展示空間，也是一個論壇，Cohen闡述戲劇是社會呈現其思想、時尚、道德、娛樂的媒體，是社會辯論其衝突、矛盾、鬥爭的場所。戲劇為政治革命、社會宣傳、公民爭議、藝術表現、宗教皈依、群眾教育，甚至為它本身的自我批評提供了一個平台（Cohen, 2003／費春放主譯，2006，頁4-5）。德國著名戲劇家 Erwin Piscator（1893-1966）提出政治戲劇概念，主張戲劇活動應具有明確的社會政治目的，他在改進戲劇舞臺技術上所做的努力都是為達成這種明確的目的性所促成（晶晶譯，1985，頁263）。戲劇的論辯語言透過演員、布景、燈光、服裝等來呈現，現場的戲劇演出引發的是社會化的觀眾活動，有些政治主題甚至在演出現場引起觀眾集體的政治行動，美國大蕭條時期上演的《等待老左》（Waiting for Lefty），將觀眾假設為工會成員，演出結束時，引發現場觀眾高呼「罷工！罷工！」的行動（Cohen, 2003／費春放主譯，2006，頁21-22）。

法國古典主義時期最傑出的戲劇家莫里哀（1622-1673），他創作的喜劇常夾雜著許多充滿生活氣息的鬧劇成分，同時又飽含著嚴肅深刻的社會諷刺意涵。莫里哀寫的劇作《太太學堂》，否定了修道院的教育和封建父權思想，被以「詆毀宗教」、「有傷風化」等罪名遭到禁演。他在次年寫獨幕喜劇《〈太太學堂〉的批評》進行自衛反擊，申述自己的戲劇主張（余秋雨，2013，頁199-120）。這齣獨幕劇被形容為論辯性獨幕劇，反映出莫里哀以戲劇論辯自身主張的語藝行動。

3. 表達情感和思想的戲劇語藝行動

語藝古典學派學者George Kennedy將語藝廣泛地定義爲「情感和思想固有的能量，通過包括語言在內的符號系統傳遞給他人，以影響他人的決定或行動」（Kennedy, 1991, p.7），這個定義表明：每當我們以影響爲目標，向他人表達情感和思想時，我們都會從事語藝。表演者將情感和思想固有的能量，以表演藝術形式，通過包括語言在內的符號系統傳遞給觀眾，以影響他人的決定或行動，此即屬於語藝行動。這樣的戲劇表演具有特定的說服目的，表演不僅是傳達一個主題或是資訊，還透過情感和思想的傳遞，試圖使觀眾的情緒、信念、價值觀或世界觀產生變化。英國戲劇家莎士比亞運用戲劇中演員的臺詞來表達他對戲劇的觀點，例如在《仲夏夜之夢》中：最好的戲劇也不過是人生的縮影；最壞的只要用想像補足一下，也就不會壞到什麼地方去（余秋雨，2013，頁159-160）。德國劇作家萊辛認爲莎士比亞的劇作是從感情上駕馭人們，激起這種感動是戲劇「最高的意圖」（同上引，頁269）。

德國劇作家席勒的劇作《陰謀與愛情》，宣揚新興市民階層道德觀念、批判封建貴族階級制度，他的歷史劇名著《華倫斯坦》三部曲、《奧里昂的姑娘》、《威廉·退爾》等，均隱含著爭取自由和德國統一的戲劇語藝行動（同上引，頁296）。英國劇作家、諾貝爾文學獎得主蕭伯納擅長以黑色幽默的形式來揭露社會問題，他認爲戲劇應該傳達高尚的思想和深沉的情感（Cohen, 2003／費春放主譯，2006，頁38）。

4. 對事件做出聲稱與回應的戲劇表演語藝

語藝的互動涉及對事件的聲稱和回應，引起語藝聲稱和回應的情況可能是政治爭議、或宗教衝突、或醫學倫理學辯論等（Herrick, 2013, p.10）。戲劇具有改變整個時代文化和政治氣候的能力，

十九世紀在美國各地劇場上演的《湯姆大叔的小屋》（Uncle Tom's Cabin）對廢除奴隸制起到很大的作用（Cohen, 2003／費春放主譯，2006，頁25）；從二十世紀70到90年代，陸續在外百老匯、大學、地區劇院上演的有關同性戀、美國對愛滋病的公共政策等敏感話題的戲劇，極大地改變相關語境和舉措。

Cohen指出，在現代社會裡，戲劇表演從不同的角度聲稱和回應社會問題，包括酗酒、同性戀、性病、嫖娼、公共教育、過激的偏見、死刑、思想箝制、監獄改革、人格毀損、公民平等、政治腐敗、軍事暴行等（同上引，頁354）。劇作表現了這些問題的複雜性，並試圖提供思路回應現況。

（二）舞蹈表演語藝

舞蹈表演的語言藉由體態、手勢等動作，或是眼神、表情、甚至呼吸速度來表現，舞蹈中的身體語言能夠傳達舞作的思想、觀念與情感，使得舞蹈在表現藝術的審美愉悅外，還具有語藝的特徵與功能，也是一種說服的藝術。

舞蹈表演透過演員的服裝、舞臺道具和舞臺環境的顏色傳達作品的意圖，並且以動作語彙和形象塑造象徵、隱喻，藉以揭示作品的深刻內涵（劉煉、朱紫薇，2014）。

1. 舞蹈作為表演藝術話語

提倡新語藝的語藝學者Ivor Armstrong Richards（1893-1979）認為，語藝關注語言使用的基本定律，語藝是使話語達成其目標的藝術（林靜伶，1996，頁34）。舞蹈作為一種表演藝術的語言形式，有別於書面語或口頭語字詞的意義表達，主要依賴舞者的身體動作，成為特有的舞蹈語言。中國舞蹈學者胡爾岩指出，所謂「舞蹈語言」包括動作、舞句、舞段三個層級：舞蹈動作層級指動態、動速、動律、動力，對動作元素的認識、掌握與運用，能夠讓舞作呈現不同的風

格；舞句層級是根據創作意圖和情感傾向，按照形式邏輯將單一動作進行編織的有意創造，可以將創作意圖投射給觀眾，或喚起觀眾的視覺回應及心理聯想；舞段則是舞蹈語言的最高層次，是作品的具體構成，舞段具備語言的基本條件，如表達情意、借喻暗示、射出意義、喚起回應、引發聯想、溝通共鳴及美的欣賞等（胡爾言，2016，頁127-136）。運用舞蹈語言回應社會情境、展現意圖與訴求、喚起思想與情感的回應，或引發溝通與共鳴、激發行動等，這些舞蹈語言就是在展現語藝話語的功能。

2. 舞蹈的語藝行動

　　語藝情境中的言者是以語藝行動來回應情境，舞蹈的言者（舞者）藉由舞蹈語言表現出某種語言符號的組合或是語藝論述，例如開創美國現代舞新紀元的Ted Shawn和Ruth St. Denis，他們的舞蹈打破歐洲的傳統，將身體和精神聯繫在一起，常借鑒古代、本土和國際的淵源。Shawn和St. Denis的舞作中蘊含著東方主義和文化占有觀點，他們藉由舞蹈論述反映帝國主義、殖民主義和種族主義的相關問題。Shawn認為（Nolan, 1994, pp.50-51）：

> 我相信舞蹈能傳達人類最深刻、最崇高、最真實的精神思想和情感，遠比口頭或書面語言好得多。

　　對美國舞蹈家、編舞家Martha Graham而言，舞蹈需要「揭示某些民族特徵，因為沒有這些特徵，舞蹈就沒有效力，沒有根，與生活沒有直接關係」（Graham, 1937）。舞蹈成為Graham的語藝行動，她在1936年創作《編年史》（Chronicle）回應當時的社會情境，包括美國經濟大蕭條以及受西班牙內戰影響的社會現況，1938年編導《美國文獻》（American Document）回應納粹意識形態以及法西斯主義在歐洲造成的恐怖氛圍。Graham用舞蹈回應事件，針對所面

臨的壓力感和迫切感，積極展現語藝行動，反映出語藝學者Bitzer（1968, p.6）所指的語藝迫切性（exigence）。

3. 舞蹈和意識形態宣揚

語藝學者Herrick（2013, p.18）指出，意識形態是一個信念系統或是一種詮釋世界的框架，一種未經審查的意識形態可能會阻止其追隨者看到事物的本來面目，因此，我們需要警惕語藝在集中和分配權力方面的作用。Marion Kant（2003）爲文揭露舞蹈隱藏的種族問題，他批判德國舞者Mary Wigman的舞蹈風格成爲傳播納粹意識形態的一種手段。Wigman是歐洲現代舞和表現主義舞蹈先驅，表現主義舞蹈主張舞蹈要表現出更多的精神和情感，而不是藝術。舞蹈學者Susan Manning（1995）在《第三帝國的現代舞蹈》（*Modern Dance in the Third Reich, Redux*）一書中也指出，二戰時期德國舞蹈環境間接地支持了萌芽的納粹社區，Wigman透過現代舞作引領這種大眾社區的建立，強化了納粹的地位。

（三）音樂表演語藝

音樂表演不只是烘托氣氛或渲染情緒，音樂也能傳達情感、突出主題或表達觀點、深化文化意義和精神內涵。當音樂影響聽眾的情緒時，還可能塑造人類的行爲，作曲家、音樂理論家Joachim Burmeister（1564-1629）在1601年寫道：「音樂和演講的本質幾乎沒有區別」（G. Dikmans, lecture notes, July 19, 2020）。巴洛克時期音樂家Christoph Bernhard（1628-1692）表示：「……直到音樂藝術在我們這個時代達到這樣的高度，從眾多的人物來看，它確實可以被比做語藝。」（Haynes, 2007, p.8）音樂家John Cage透過他的作品《4分33秒》聲稱「我們做的一切都是音樂」（見https://youtu.be/JTEFK-FiXSx4），藉由系列創作傳達「任何聲音都能構成音樂」的觀點，甚至透過音樂鼓吹禪思想（彭宇薰，2019，頁218）。音樂在此已不

是純粹的藝術，而是表達觀點、宣揚理念的語藝行動。

中國音樂學者王旭青在《西方音樂修辭[2]史稿》專著中追溯音樂語藝的發展脈絡與理論體系，他指出，音樂修辭理論以古典修辭學爲理論起點，關注音樂語言中的修辭手段，呈現出跨學科意義的音樂修辭理論體系（王旭青，2018，頁3）。王旭青闡述文藝復興時期和巴洛克時期一些音樂理論家的觀點，音樂創作要如同一場能說服人的演講般，打動心靈，喚起情感，甚至改變人們的觀念；在他們看來，音樂創作就像是用音響這一媒介來演講。Johannes Tinctoris（1435-1511）在《自由對位藝術》（*Liber de Arte Contrapuncti*, 1477）一書中指出「將修辭與音樂作爲一種言說藝術」（王旭青，2018，頁33-34）。

1. 作爲雄辯的音樂表演

長笛音樂家、音樂學者Greg Dikmans（2020）講述「表演者如同一位演說家」（The performer as a orator）時指出，音樂理論家Marin Mersenne（1588-1648）在著作《通用和諧》（*Harmonie universelle*, 1636）中把音樂家描述爲「和聲演說家」，巴洛克時期音樂作曲家Johann Joachim Quantz（1697-1773）也主張把音樂表演視爲演說家的表演（G. Dikmans, lecture notes, July 19, 2020）：

> 音樂表演可以比做演說家的表演，說話者和音樂家在其作品的準備和最終執行方面，歸根究柢都有一個相同的目標，就是使自己成爲聽眾心靈的主人，激發或保持聽眾的激情，並將他們帶到這種情緒中去，現在開始吧。因此，如果雙方都瞭解對方的職責，對雙方都有利。
>
> —— Johann Joachim Quantz：嘗試橫越長笛的指令
>
> （柏林，1752年）

---

2 英文rhetoric，臺灣翻譯成「語藝」，中國大陸翻譯成「修辭」。

2. 音樂作爲訴求（appeals）與詮釋

訴求是一種語言策略，屬於象徵性的語藝方法，目標在引出一種情緒（可憐、生氣、害怕或遭遇權威、愛國主義、組織忠誠）或是觀眾的承諾（Herrick, 2013, p.13）。言者在訴求的過程中必須詮釋觀點，藉以激發情感、吸引觀眾的忠誠或承諾。

音樂表演透過訴求向聽眾詮釋觀點、主張，以達成說服和爭取認同。十七、十八世紀歐洲的音樂表演被視爲和言說詮釋類似，Shai Burstyn（1997）以「音樂溝通三角」的勞動分工概念，說明西方音樂表演通常被認爲是一種詮釋藝術：作曲家創作音樂作品並將其記在樂譜中，表演者根據這些樂譜表演（即翻譯），以啟發和愉悅聽眾。二十世紀早期，音樂運動的一個更重要的貢獻是，它將重點從作曲家和作曲轉向表演實踐，Burstyn認爲這是將音樂學研究與實踐音樂創作相結合，音樂表演者直面觀眾，他們才是音樂的眞正詮釋者。換言之，一首曲子不是書頁上的音符，而是聽眾聽到的聲音，正如演講主要是口語藝術而不是文學藝術一樣。音樂的「文本」被視爲一個表演，傳遞著音樂的一組「注釋」，這些音符的注釋體現了作曲家的思想和論據，音樂表演者向聽眾傳達這些訴求。

🌲 二、表演藝術語藝

前述討論梳理出表演藝術的語言包括戲劇語言、舞蹈語言、音樂語言，以及其所隱含的語藝特徵，綜合戲劇、舞蹈與音樂中的語藝特徵，我們從言者（表演者）、行動（表演內容與結構）、受眾（觀眾）與結果（表演效果）四個要件給予表演藝術語藝以下定義：表演者展現言者（rhetor）般的話語行動，使觀眾在觀演的歷程中受到影響，促成說服，或是形成認同。

（一）言者：表演者依賴符號系統表達情感和思想

藝術活動不是孤芳自賞，必須提供用於傳播溝通、交流的符號資源，才能夠將藝術創作呈現給世界。因此，具有語藝特性的表演藝術通常充滿著標記、符號、聲音或手勢等等單個符號，它們是較大的符號系統的一部分。表演者如同語藝活動中言者的角色，需具備語藝的能力，擅長使用廣泛的符號系統傳達涵義，並對這些涵義有意地加以選擇和修飾，將情感和思想固有的能量，以表演藝術的形式，通過符號系統傳遞給觀眾，以影響他人的決定或行動。

（二）行動：表演藝術的語藝資源

表演者的演出行動如同話語行動，隱含著幫助達成說服目標的四個重要語藝資源，分別是：論辯（argument）、訴求（appeals）、布局（arrangement）與美學（aesthetics）。語藝資源替話語行動挹注說服的動力。

1. 論辯

論辯是以提出理由支持結論為特點的論述。為了影響聽眾而公開的推理，言者需提出好理由，以說服聽眾。例如當代音樂評論家Tom Strini（2006）認為，德國指揮家、密爾瓦基交響樂團指揮Andreas Delfs「罕見地捕捉到貝多芬戲劇性的語藝」，甚至這位指揮家有能力在第九號交響曲中探索到「貝多芬的宏大計畫」，Strini評論Delfs的指揮讓聽眾在這交響樂中「聽從貝多芬的論點」，他認為第九號交響曲是偉大的作曲家主張民主的論辯（Strini, 2006, as cited in Herrick, 2013, p.13）。

2. 訴求

訴求是象徵性的方法，一種語言策略，目的在激發觀眾的情感或

承諾。表演藝術透過訴求的語藝資源，藉由演出傳達各種訴求類型，試圖激發觀眾的情感與承諾，在心理或行動層面支持訴求。

3. 布局

指為了達到最大的說服效果而計畫好的資訊排序。從演出場序、角色安排、演員走位、音樂音效的聲音設計、舞臺裝置架構、布景道具設置等演出物質空間的建構，都是在展現表演藝術如何向觀眾「說」的語藝布局。

4. 美學

在表演的象徵性表達中增加形式、美和力的元素，在表演形式的論辯和訴求中以吸引人、令人難忘的方式，甚至震驚目標受眾，包括運用隱喻、典故、諧音、韻律、押韻、複誦等。以美學的方式來構思情境片段，如隱喻、人物、張力、對比、音效等，藉以強化表演元素，讓演出更加生動、動態，讓人難忘。

（三）受眾與結果：語藝實踐的社會功能

最後，從語藝實踐的社會功能來看表演藝術語藝在受眾與結果呈現的特徵，主要為表演藝術語藝測試觀點、促進注意力、散發權力和形塑知識。

1. 表演藝術語藝測試觀點

當觀眾對演出做出回應時，就是測試觀點開始的時刻。藝術評論就屬於測試觀點的一環。Cohen認為，劇場是交流的論壇（Cohen, 2003／費春放主譯，2006，頁365），觀眾和藝術評論家對演出的回應能夠幫助表演者改善演出，使演出要表達呈現的部分更加引人、更被接受。

2. 表演藝術語藝爭取觀眾的注意力

語藝協助我們在公開表達觀點時，使觀眾將注意力轉移到我們身上。語藝學者Richard Lanham（1997, p.270）將語藝學定義為對「注意力的產生和分配方式」的研究，他稱語藝學為「注意力的經濟學」。從表演藝術來看，如何爭取觀眾的注意力是表演藝術語藝實踐的重點之一，因此，表演藝術的語藝行動著重在如何提升觀眾對演出內容、演員、舞臺布景、音樂、舞蹈的注意力。

3. 表演藝術語藝散發力量

語藝探討如何有效的使用符號，作為一種力量的來源（Herrick, 2013, p.17）。表演藝術的力量展現是一種心理力量的來源，這個力量能夠形塑觀眾思考。劇作家、舞作家或音樂創作家都可能通過創作中的符號框架來改變人們思考的方式或是行為方式，表演者藉由表演技巧，獲取觀眾認可。因此，表演藝術語藝是一種展現力量的說服過程，甚至尋求認同，試圖運用符號進入觀眾的心理世界，透過表演改變觀眾的心理世界。

4. 表演藝術語藝塑造知識

亞里斯多德認為藝術有認識作用，他在《詩學》中指出（羅念生譯，2016：1449a），我們看到那些圖像之所以感到快感，乃是因為我們一面在看，一面在求知。語藝學者Robert Scott指語藝為「知識論」，也就是知識的建立，通過語藝互動，我們開始接受某些想法是正確的，而拒絕其他想法並視為錯誤的（Herrick, 2013, p.19）。表演藝術語藝的知識建立涉及一個觀點經由一個表演藝術社群的測試，它可能就變成被接受，視為所知的一部分。關於劇場知識的建構，戲劇學者Worthen（1991）在《當代戲劇與劇場語藝》（*Modern Drama and the Rhetoric of Theater*）一書中分析，戲劇的演出並非任

意的、自由的，它往往是從劇場系統性的方式中脫穎而出。換言之，戲劇是受到一套系統性的知識論影響而被建構出來，Worthen認為這些做法不僅是特定於歷史上某個特定時刻的，而且具有明顯的語藝層面。

🌳 三、從表演藝術到數位表演藝術

　　科技結合藝術創作始於二次大戰後，藝術家運用新的科技媒材創作，包括光電科技、電腦與影像技術等，形成跨界創作的風潮，其中又以科技結合表演藝術為主。1960年代中期，視頻設備逐漸方便攜帶且具可接近性後，開始進入表演藝術場域。1970年代到1980年代後期，視頻設備價位漸低，受到現場表演的青睞。個人電腦在1980年代興起，到了1990年代，戲劇舞臺已普遍應用電腦輔助設計（CAD）和電腦輔助製作（CAM），替場景創造特殊效果，並對調整觀眾視野起到作用（Cohen, 2003／費春放主譯，2006，頁160）。

　　網路興起與多媒體技術逐漸成熟後，在表演與電腦連接起來的演出實驗帶動下，多媒體創作表演開始萌芽興盛。自二十一世紀進入數位化時代，表演藝術的跨界融合了視覺藝術、聲音藝術、裝置藝術等藝術範疇，結合藝術家、電腦工程師、建築師、電腦繪圖師、影像工作者等不同領域的數位科技專家，表演藝術開展出數位表演藝術範疇。Steve Dixon回顧數位表演藝術發展的歷史脈絡指出，數位表演是藉由利用、調整科技工具，來提高美學效果與景象感受的不斷擴張的歷史（Dixon, 2007, p.3）。Dixon將「數位表演」一詞廣義地定義為在表演作品中**電腦技術起著關鍵的作用**[3]，而不是在內容、技術、美學或傳送形式中的輔助表演。觀察數位表演藝術作品的三個特徵：科技性、數位性及互動性（Ziarek, 2004），可以發現數位表演藝術

---

[3] 本文作者在此處將原著字體加粗，以示強調。

的科技性是以電腦技術起關鍵作用，引進數位性的表演媒介，表演是軟體與硬體、實體與虛擬、具象與擬象等互動共構的演出，表演藝術結合數位科技，展現新的表演風貌。

（一）數位表演藝術的語藝脈絡

主張透過電腦恢復古典語藝的語藝學者Richard Lanham認為，語藝將成為「所有藝術的通論」，對於語藝與電腦科技的關係，他甚至提出語藝學是西方最早開發的「虛擬實境」技術，強調演練、記憶訓練和「在場」的創造（Lanham, 1993, pp.16-17）。參照Lanham的觀點，語藝教育是「排練教育，在一種想像特殊的場合，然後試圖擬定適合他們的言說」（同上引，p.142），數位表演藝術的排練與在某個場合的演出同樣是存在著語藝脈絡。

1. 現場實體言者與媒介化後的科技言者

麥克魯漢（McLuhan）認為，媒介是人類設計來延伸自己想法的一種人造工具，藉以影響他人的意識感官。Auslander（1999）則進一步主張數位技術並不是媒介次要的中介事件，他認為數位化將表演的現場性融入其中，因此，數位化的演出生產是將各種材料同化，成為現場活動的文化主導者。數位科技在這裡不是居於技術輔助的地位，而是具有現場事件主導者的能動性。數位化使得表演藝術的語藝脈絡由實體言者擴展到科技言者。

2. 數位替身與分裂主體的語藝行動

數位表演呈現多屏（multiple screens）與複影（plural images）形式：從角色扮演的多使用者空間（MUDs, MOOs）到虛擬世界的圖形化化身；從對機械人改變自我的戲劇描寫，到藝術家以擬人的機器人形式替代自我，或是在舞臺現場與虛擬身體、虛擬角色對戲。數位科技介入表演藝術後，除了現場實體表演者外，數位替身、虛擬角

色取得發言權，成為科技言者，在表演中表達，傳達思想、意念。被視為多媒體劇院的思想先行者、美國著名劇場設計師Robert Edmond Jones將虛擬身體（電影銀幕上的身體）和物理身體（現場表演的演員）結合起來，力陳劇院表演將戲劇與電影融合可產生有效的表達效果。Jones（1941, 2004）指出，劇院運用新的表演媒介[4]，是同時使用活生生的演員和會說話的畫面，現場演員表現人物的外在自我，銀幕播放的影片則揭示角色的內心世界，銀幕影像與現場表演者同時向觀眾揭示行動和動機，銀幕影像反映出可見的思想和可見的情感，能傳達某種感覺，某種喚起，創造了一種新的表現形式，將電影的主觀、夢般的品質與現實表演的力量結合在一起，使表演者未體現的部分與體現的部分相遇。但是Jones的論點與虛擬理論的某些領域不同的地方在於（Dixon, 2007, p.82），他呼籲重新統一虛擬和物理身體，因為虛擬身體本身（如電影圖像）是幻影、記憶和退想。Jones認為必須將其與活體結合起來，使分裂的主體成為整體的準精神範式點燃整個劇院。

（二）語藝的事件性（rhetorical eventfulness）

　　將數位表演藝術視為語藝事件形態，而非僅是表演，數位表演藝術就具有語藝事件的可能性。事實上，語藝的事件性有助於描述戲劇事件或是表演事件具有變化和能動性的特質，包含以下六種語藝行動類型（Hauser, 2002, pp.3-11）：

1. 情境的行動

　　語藝事件處於不同的情境，語藝行動需根據情境來採取適當的情境行動。

---

4 當時指在舞臺運用電影銀幕。

2. 符號的行動

語藝行動是一種符號行動，涉及符號的使用，在語藝事件中需斟酌採取適當的符號行動，主要在尋求對特定經驗的解釋以達成一致的行動。

3. 交換

語藝事件是動態的符號交換，語藝事件中的語藝行動是一種互動的產物，屬於共構的行動，所有的參與者一起行動。

4. 社會的行動

語藝是一種社會行動的形式，通過互動以及管理符號的社會行為，建構彼此相容的情境解釋。

5. 策略的行動

語藝事件採取的語藝行動具有策略性，依據設定的目標制定資訊框架，刻意選擇適合目標的方式，例如所使用的訴求類型、自我展示和聽眾回應的參與。

6. 建構的行動

語藝事件透過建構的行動，運用符號創意的方法，試圖建構某個情境的真實，在觀眾中召喚一個意識或揭露一個世界。

Aronson（1999）以戲劇事件描述數位表演打破現代主義結構原則的現象，數位表演中的碎片化，使歷史人物、幻想、新聞事件和現實生活交織在不再受敘事結構、標準化行為和場景約束的作品中，沒有有形人物的存在，只有身體的宣言——劇作家的思想在舞臺上暫時形成。從六種語藝行動類型來觀察，數位空間中現場性的消逝與風格遞嬗，改寫表演藝術必須是演員現場表演的鐵律，屬於「建構的行

動」；數位表演中增加臨場感、互動性、事件性，營造參與事件的空間，這其中充斥著「情境的行動、符號的行動、交換、策略的行動和社會的行動」。如臺灣首部媒體科技無人劇場《罪惡之城》於2013年數位表演藝術節登場，現場沒有實體演員，只有影像、燈光、機械動力裝置，試圖探討數位資訊時代下人類生存狀態的改變[5]。

演出舞臺構成事件的時間、空間，以及參與其間的角色和行動。和傳統表演藝術不同的是，在數位表演藝術的創作中，觀眾開始被鼓勵成爲作品的一部分，融入情節中，參與、完成創作事件。因此，數位表演藝術作品裡，在選擇演出形態的符號行動中，事件性透過交換將觀眾納入，並在作品中參與建構的行動。如臺灣第二屆數位藝術表演獎首獎作品《死亡的過程》、安娜琪舞蹈劇場（Anarchy Dance Theatre）創作的《第七感官》和《第七感官2 —— 感官事件》等作品，均是邀請觀眾進入演出[6]。

第二節　數位時代表演藝術的語藝實踐

由傳統表演藝術到數位表演藝術，不同領域的專業跨界合作必須立基於「表演藝術」的對話基礎上，透過互相理解的對話狀態，在意見的溝通與表達上取得共識，進而能在作品中呈現想法與意念。以下從數位表演藝術的語藝脈絡及語藝的事件性，針對臺灣數位表演藝術的實踐案例說明其語藝特質，嘗試替表演藝術語藝批評梳理出新的可能性。

---

[5] 本文下一節數位時代表演藝術的語藝實踐將再做討論。
[6] 本文下一節數位時代表演藝術的語藝實踐將再做討論。

🌱 一、多重主體意象與觀眾體驗

不同於傳統表演藝術中影像、燈光等舞臺布景效果，數位表演藝術中，運用新媒體數位技術，包括身體感測、全景貼圖投影（mapping）、調光薄膜等新式材質，激發數位科技表演劇場新的可能性。例如臺灣第二屆數位藝術表演獎首獎作品《死亡的過程》，以數位科技融合視覺與舞蹈藝術，投影幕投射出的圖形在舞者身上變成格狀化人影，將虛擬影像轉變成具有附著力、互動能力的一種物質。人與身上的感測裝置、現場的數位裝置互動，並與隨後附著在身上的影像共構出「多重的主體」（實體舞者、多重的虛擬影像）的意象，在此一特殊情境中促發語藝事件的生成（情境的行動），數位表演藝術變成一個發生在演出過程中的事件，化為一個經驗，或是為解決、解答特定問題而服務。此種語藝事件的形態也是一種社會的行動，由附著在舞者和觀眾身上的數位影像協作展現，演出者即興式地邀請觀眾進入演出符號系統（符號的行動），並協調彼此隨後可能面臨的合作行動（交換的語藝行動）。其語藝策略的行動，則是藉由數位科技設備與裝置的工具運用，達成多重的主體與數位科技言者交織的視覺目標，建構出其所欲彰顯的特殊目的與意圖（建構的行動）。

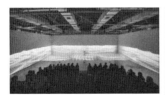

圖4-1　第二屆數位藝術表演獎首獎表演《死亡的過程》（取自YouTube）

安娜琪舞蹈劇場《第七感官》嘗試在傳統表演藝術中，將觀眾參與演出視為一個有機事件；後續作品《第七感官2 —— 感官事件》持續回歸以「人」為主體的劇場表現形式，劇作以科技藝術的表現手法和現代人習慣的數位溝通模式，強調人與人、事件與事件發生於劇場

中的「在場」，數位科技的偵測系統與表演藝術融合，建構出能即時反應演出目的之舞臺空間，表現出人身處在社會與群體的連結下的種種決定與反應，隱喻看似穩定卻又時刻變幻的社會結構，呈現個體行為模式的改變，以及個人與群體間關係變化的歷程。

《第七感官2——感官事件》數位表演所呈現的語藝事件性，如同該作品編舞者謝傑樺所指，這部作品是在表演舞臺上發生的真實事件。除了運用數位式互動影像進行演出，並在演出過程中安排、邀請觀眾參與，使得表演元素從舞者、影像擴大到觀眾，打破演出者與觀眾的界線，一起演繹微妙的權力結構與人際關係，表達對於人與生活的關心。

安娜琪舞蹈劇場的數位表演打破傳統劇場的空間規範，塑造出一個全新的表演場域，讓舞者、觀眾、互動、劇場、環境標示出事件性的主要構成元素，編舞者對於這些元素之間「關係」的獨特處理方法，形成一個個演出的插曲，營造出劇場獨特的事件。這種打破劇場框架與觀眾互動的演出，展現出語藝建構的行動，透過創意的模式，框架出一個議題的行動世界，引動其所欲召喚的意識。

二、解構現場性與科技言者

2013年數位表演藝術節登場的臺灣首部媒體科技無人劇場《罪惡之城》，由知名藝術家王俊傑與混種跨界團體豪華朗機工共同創作，集結臺灣在地劇場、視覺、機械動力、聲音與科技等不同領域的專業優秀人才跨界合作。有關跨界的思考，王俊傑（2014）在〈科技×藝術＝∞可能性〉演講中指出，「什麼是『跨領域』，我們如何先拋開自己的專業領域，去瞭解對方的領域，然後共同去創造一個新的領域，我覺得那個才是真正的跨領域。」

圖4-2　2013年《罪惡之城》（SIN CITY）（取自YouTube）

　　王俊傑與跨領域專家合作的媒體科技無人劇場《罪惡之城》，以劇場藝術結合錄像、裝置、聲音藝術等不同領域，演出現場沒有實體演員，影像、燈光、機械動力裝置成為表演者，影片播放方式將敘事從影像中抽離，強調當代敘事對物件的「非敘事象徵」；舞臺上的無人狀態使得機械裝置成為主角，創作團隊透過錄像與裝置的結合，試圖挑戰傳統對「表演者」本身（言者）需到場的議題。從語藝的角度來看，整齣表演透過「科技言者」展現，舞臺上的表演者（言者）不再設限於肉身的實體演員，而是由40公尺長的全自動機械軌道和投影幕上的演員共同構成，解構傳統表演藝術的現場性概念，對數位表演藝術的現場性展開新的探問。

　　「科技言者」在展現言說時，打破傳統表演藝術諸多框架，除了前述實體言者是否到場外，也引發實體演員和科技演員誰是舞臺主體的爭辯。在數位表演藝術中，由人與機械結合的演出作品，舞臺上機械裝置與人的演出分量相當，機械裝置有別於傳統表演藝術的道具功能，裝置本身不僅具有意涵，甚至成為整齣作品的主軸。以2010年第一屆臺北數位藝術表演獎首獎黃翊創作的《交響樂計畫——壹、機械提琴》，以及2012年數位藝術表演獎首獎《黃翊與庫卡》為例，人與機械共舞的呈現，雙方在舞臺上的演出分量均等，這種以機械動力結合肢體舞蹈的跨界創作，打破傳統表演藝術機械裝置的工具性，庫卡機器人、機械提琴究竟是表演道具還是表演者？人與機械裝置演

出的互動性、能動性，開展出演出主體的討論，人似乎已不再是舞臺上唯一的、至尊的表演者。

圖4-3　第一屆數位藝術表演決選—場次2《交響樂計畫——壹、機械提琴》
　　　（取自YouTube）

圖4-4　2012年數位表演藝術獎首獎《黃翊與庫卡》（Huang Yi & KUKA）
　　　（取自YouTube）

　　相較於傳統語藝中言者的特徵，大人物演說中身分與位置具有重要的說服力與決策力，這種大人物語藝傳統在表演藝術的範疇，舞臺上的演員就是大人物言者。然而在數位表演藝術的空間，表演者不再是唯一的言者，活生生的表演者甚至不用「到場」，取而代之的是投影幕上的影像、燈光、機械動力裝置、機器人等共構出的「科技言者」與「多重的主體」。

第三節　結語：數位表演藝術語藝批評的可能性

表演藝術以表演者直面特定的現場觀眾為演出特徵，因此，表演藝術語藝批評採取關注實踐的微觀分析，較能貼近人們的生活處境與經驗，透析社會真實與意義，如同游梓翔（2006，頁20）所說：「語藝實踐會透過特定言者在特定時空下對特定受眾採取的語藝行動來展現，因此，語藝批評總是以某種『語藝行動』（或語藝產品）為對象，這個語藝行動就是研究的『文本』（text），也可以說是研究的『個案』。」當然，語藝批評除了評估語藝產物，或是從語藝產物中瞭解社會現象、文化變遷、世界觀、價值觀、論述動機等，關注理論層面的語藝批評則有助於語藝學術貢獻，幫助觀察特定的語藝現象或個案（林靜伶，2000，頁10-11），因此也是語藝批評者選擇的取徑。

表演藝術的語言包括戲劇語言、舞蹈語言、音樂語言，表演藝術語藝文本主要集中在戲劇、舞蹈和音樂的現場表演，其語藝文本特性不同於傳統的書寫或口語文本，數位表演藝術文本融入更多的元素。綜觀數位化時代表演的語藝要素產生以下變化（見表4-1）：

1. 言者

除了實體的演出者外，增加科技言者，如數位替身、虛擬身體、虛擬角色、機器人、裝置設備。

2. 演出場所

由現場性擴增到非現場，如虛擬實境、擴增實境、混合實境，或是現場銀幕播出的非現場演出影片（包括影片中的實體角色、虛擬角色）與舞臺現場演出共在、互動。

表4-1　表演藝術與數位表演藝術的異同

表演藝術	數位表演藝術
言者：實體言者	言者：科技言者
場所：現場性	場所：允許非現場性
空間：單一，以「人」為主體	空間：多重，「多重的主體」
風格：講求韻律感、戲劇性與敘事性舞臺	風格：增加臨場感、互動性、事件性即興建構演出事件
觀眾：觀賞演出	觀眾：參與、體驗演出
關係：觀演間身分明確、經驗不同	關係：觀演間身分和經驗是流變的、動力的
語藝結果：單向告知意義	語藝結果：共構分享意義
語藝結果：觀眾留下鮮明的圖像記憶	語藝結果：更加激發鮮明的記憶觀眾留下特別的體驗記憶

資料來源：本研究整理。

3. 空間

　　數位空間意象複雜，交錯、斷裂、液態流動或是爆炸，數位科技替表演空間增加種種可能性，也不再以人為唯一的主體，空間具多重性，演出主體是多重的主體，穿梭在多重的表演空間，數位空間融匯涉入了電腦微處理空間中的身體、動作、光影、聲音、樂曲、時間、圖像、文字與數位符號等程式處理，每一項都可能成為演出的主體。

4. 風格

　　表演藝術由講求韻律感、戲劇性與敘事性的傳統風格轉變成數位風格，增加臨場感、互動性、事件性，營造出參與事件的風格。如光影虛擬影像黏附在實體表演者身上，多重的虛實共構成演出主體，共同演繹表演內容，並邀請觀眾參與演出，即興建構演出事件。

5. 觀眾與觀演關係

數位表演中，言者與觀眾交換身分角色，觀演間身分和經驗是流變的、動力的，觀眾參與演出事件意義的建構。

6. 語藝結果

不再限於單向告知意義，觀演互動賦予共構分享意義的契機。觀看演出不僅是讓觀眾留下鮮明的圖像記憶，數位科技的介入，更加激發觀眾鮮明的記憶，留下特別的體驗記憶。

數位表演藝術語藝要素的改變，是否意味著語藝批評必須改弦易轍，另闢蹊徑？由於數位語藝的發展脈絡主要針對數位媒體的數位文本（digital text）如何進行說服、形塑認同與建構網路社群（Eyman, 2015; Warnick, 2007），就數位表演藝術而言，必須將數位語藝中的數位情境、數位媒體與數位文本，由電腦中介傳播或網路的語境中，轉移到數位表演藝術的演出場所和空間，將數位表演藝術文本納入數位文本。

進一步看，語藝批評包含內在分析和外在分析，內在分析從表演文本來分析，外在分析則針對表演文本的相關背景進行分析，歸納出表演文本的語藝特徵和意涵。表演是語藝行動的紀錄，由前述數位表演要素的改變（見表4-1），數位表演藝術的語藝批評就面臨調整的必要性，主要的內容涵蓋：言者（實體言者、科技言者）、場所（在場與不在場）、數位空間（電腦微處理空間設計內容）、數位表演內容、風格、觀眾、觀演關係等要素，針對以上要素進行內在分析，歸納出語藝結果。外在分析則針對表演文本的時空背景，如媒體科技無人劇場《罪惡之城》傳遞的是現代人類矛盾的處境，外在分析就是針對表演文本所處的現代資訊爆炸社會，人類產生的虛無感、疏離感等時空脈絡。

此外，本文提出參照Hauser的語藝事件性概念進行語藝批評

（Hauser, 2002），從前一節語藝實踐相關作品的探討，均能呼應語藝事件的語藝行動特徵，顯示數位表演藝術作品在演出中使用符號的形式，隱含管理符號的語藝行動。

另外，Zappen（2005）提出的數位語藝研究主要範疇，對數位表演藝術語藝批評的路徑也具啟發性，可做以下思考：

1. 探究與分析數位表演藝術文本中所使用的語藝策略。
2. 確認數位表演藝術的語藝特徵、作用與限制。
3. 探究建構表演藝術語藝社群的可能性。

事實上，語藝批評的方法與其說是「方法」，不如說是一個提供思考方向的「觀點」（林靜伶，2000，頁8）。語藝批評方法本就來自不斷地被提出、發覺與嘗試，面對新的數位批評領域，深信仍充滿各種可能性，亟待我們去開拓。

參考文獻

一、中文部分

王旭青（2018）。西方音樂修辭史稿。上海音樂學院出版社。

余秋雨（2013）。世界戲劇學。武漢市：長江文藝出版社。

林靜伶譯（1996）。〔美〕Sonja K. Foss, Karen A. Foss, & Robert Trapp著。當代語藝觀點。臺北市：五南。

林靜伶（2000）。語藝批評：理論與實踐。臺北市：五南。

胡爾言（2016）。舞蹈創作心理學。上海音樂出版社。

桂裕芳譯（2015）。〔法〕阿爾托著。殘酷戲劇：戲劇及其重影。北京市：商務印書館。

彭宇薰（2019年6月）。真謬之間如如觀：凱吉音樂中的禪意解讀。藝術學研究，第42期，頁213-253。

游梓翔（2006）。領袖的聲音：兩岸領導人政治語藝批評1906-2006。臺北市：五南。

費春放主譯（2006）。〔美〕Robert Cohen著。戲劇。上海市：上海書店出

版社。

趙渢、趙宋光（1998）。音樂。中國大百科全書總編輯委員會（編）。**中國大百科全書：音樂舞蹈**（頁1-12）。北京市：中國大百科全書出版社。

劉詩兵（2015）。表演藝術概論。臺北市：鳳凰網路。

劉煉、朱紫薇（2014）。說服藝術：文學修辭在舞蹈創作中的運用。**文藝爭鳴**，7期，頁188-190。

聶晶譯（1985）。〔德〕皮斯卡托著。**政治劇**。譯文見《世界藝術與美學》，第五輯，頁247-275。北京市：文化藝術出版社。

羅念生譯（2016）。〔古希臘〕亞里斯多德著。亞里斯多德《詩學》、《修辭學》。上海世紀出版社。

二、外文部分

Aronson, A. (1999). Technology and Dramaturgical Development: Five Observations. *Theatre Research International*, 24(2), 188-197.

Auslander, P. (1999). *Liveness: Performance in a Mediatized Culture*. London: Routledge.

Au, S. (2002). *Ballet and Modern Dance*. New York: Thames & Hudson.

Bitzer, L. (1968). The rhetorical situation. *Philosophy and Rhetoric*, *1*, 1-14.

Burke, K. (1951 April). RHETORIC--OLD AND NEW. *The Journal of General Education,5*(3), 202-209. Retrieved from https://www.jstor.org/stable/27795349

Burstyn, S. (1997, November). In quest of the period ear. *Early Music*, *25*(4), 693-701.

Creek, M. & Murphy, J. J. (1994, spring). Setting Minds in Motion: An Interview with James J. Murphy. *Writing on the Edge*, *5*(2), 9-23.

Dikmans, G. (2020). The performer as a orator. Retrieved from http:// earlymusic. dikmans.net/the-performer-as-orator/

Dixon, S. (2007). *Digital performance-A history of new media in theater, dance, performance art, and installation*. Cambridge: The MIT Press.

Eyman, D. (2015). *Digital rhetoric: Theory, method, practice.* Ann Arbor, MI: University of Michigan Press.

Graham, M. (1937, June 23). Interview by L. Plotkin [Martha Graham Clipping Files. Transcript of Radio Interview WQXR]. Exploring the Seven Arts. New York Public Library at the Lincoln Center, Dance Collection.

Herrick, J. A. (2013). *The history and theory of rhetoric: An introduction.* New Jersey: Pearson.

Hauser, G. A. (2002). *Introduction to Rhetorical Theory* (2nd ed.). Prospect Heights, Ill: Waveland Press.

Haynes, B. (2007). *The End of Early Music: A Period Performer's History of Music for the Twenty-First Century.* New York: Oxford University Press.

Jones, R. E. (1941). *The Dramatic Imagination: Reflections and Speculations on the Art of the Theatre.* New York: Theatre Arts Books.

Jones, R. E. (2004). *The Dramatic Imagination: Reflections and Speculations on the Art of the Theatre.* New York and London: Routledge.

Kant, M. (2003). "Dance is a race question." The Dance Politics of the Reich Ministry of Popular Enlightenment and Propaganda [Steingerg, J. Trans.]. In Karina L. & Kant, M. (Eds.). *Hitler's Dancers: German Modern Dance and the Third Reich* (pp.71-166). Oxford, NY: Berghahn Books.

Kennedy, G. (1991 trans.). *Aristotle on Rhetoric: A Theory of Civic Discourse.* New York: Oxford University Press.

Lanham, R. A. (1993). *The Electronic of Word: Democracy, Technology and the Arts.* Chicago: University of Chicago Press.

Lanham, R. A. (1997 Spring). The Economics of Attention. *Michigan Quarterly Review, 36,* p.270. Retrieved from http://hdl.handle.net/2027/spo.act2080.0036.206

Manning, S. (2017). Modern Dance in the Third Reich, Redux. doi:10.1093/oxfordhb/9780199928187.013.36

Murphy, J. J., Katula, R. A., & Hoppmann, M. (2013). *A synoptic history of classi-*

cal rhetoric (4th ed.). New York: Routledge.

Nolan, C. (1994). *Outback and Beyond*. Sydney: Angus & Robertson.

Phelan, P. (1993). *Unmarked: The Politics of Performance*. London, New York: Routledge.

Strini, T. (2006). A Taut Take on Beethoven's Ninth. *The Milwaukee Journal Sentinel, 13*.

Warnick, B. (2007). *Rhetoric online: Persuasion and politics on the World Wide Web*. New York: Peter Lang.

Worthen, W. B. (1991). *Modern Drama and the Rhetoric of Theater*. LA: University of California Press.

Zappen, J. P. (2005). Digital rhetoric: Toward an integrated theory. *Technical Communication Quarterly, 14*(3), 319-325.

Ziarek, K. (2004). *The Force of Art*. CA: Stanford University Press.

三、參考網站資訊

John Cage's 4'33"：https://youtu.be/JTEFKFiXSx4

王俊傑（2014）〈科技╳藝術=∞可能性〉演講：https://youtu.be/uU1hy-2FK5D8

安娜琪舞蹈劇場（Anarchy Dance Theatre）（2011）〈第七感官〉創作：https://youtu.be/IXF0LpPfTAQ

安娜琪舞蹈劇場（Anarchy Dance Theatre）（2013）〈第七感官2——感官事件〉創作：https://youtu.be/gintcnIexZg

黃翊（2010）〈交響樂計畫——壹、機械提琴〉創作：https://youtu.be/HfUDlZPqYpU

黃翊（2012）〈黃翊與庫卡〉創作：https://youtu.be/-rHshDcqMlg

第五章

視覺語藝

秦琍琍

數位科技發展，衝擊媒體產業引發巨大變化，促成跨產業、跨媒體、跨國性的匯流整合平台，不僅驅使產業經營形態朝向集團化和大媒體的聚合經營模式，也連帶改變了政府管制政策的思維（Baldwin, et al., 1996；彭芸，2011；劉幼琍，2012）。而數位匯流科技與新媒體的發展，也讓生活世界中充斥著的大量視覺影像，透過多種媒體平台融合和多種模態內容的匯聚，成為影響人們認知現實、產生認同、建立社群和形塑文化的重要因素。

這樣的發展態勢，顯示以往傳播研究對於文字及口語的偏重有所不足。Mirzoeff（1998）認為在當今強烈的視覺時代中，日常的生活即是視覺文化，這正是自1980年代的視覺轉向（the visual turn），到1990年代影像研究的方興未艾，乃至到當代這個「書寫」與「影像」文明並置的社會中，為何傳播訊息或傳播素養，皆無法獨厚語言而輕忽其他如圖像、音樂、動態影像、物件以及涉及時空因素等表達元素的緣故，而語藝的視覺性自然也成為上個世紀末，語藝學者所關注的焦點之一（Olson, 2007）。

人類的溝通互動，包含了「言辭語言」和「視覺語言」（趙雅麗，2003），而利用視覺符號陳述觀點、進行敘事與建構文化，不僅是符號的創造、使用以及行動者知覺和情感的表現，更牽涉到透過多重媒介表述模式對客觀世界挪移轉呈的再現，也因此視覺符號所具有的跨域性、交叉性、多重性，以及不同符號系統擁有的表意特質，在各種媒介平台上交融互動，激盪著傳播效能的發揮及檢視（秦琍琍，2017）。事實上，後現代社會中的「觀看之道」（ways of seeing），不僅包含著影像的展現（expression）與再現（representation），也關乎其所誘發的觀看方式和觀者如何看待自身與所看物件間的關係（the relation between things and ourselves）（Berger, 1972, p.9），故而有時「眼見」並不為真，而是觀者的「詮釋」方能據實（趙惠玲，2004）。

如此，視覺年代中個別的「觀點」（perspective）更為關鍵

（Mirzoeff, 1999；陳芸芸，2004）。觀看，不只是視覺神經的反射作用，更是一種選擇性的意識投射與連結，且是以自我爲中心建構出一個意義的世界與一個互爲影響的網絡。而語藝作爲人類使用符號以與他人溝通並進而產生認同與說服的一種象徵性行動（symbolic action）（Burke, 1950/1969; Foss et al., 1991），則無疑在此強調影像之世界，彰顯了視覺語藝在人們建構世界過程中，以產生意義、傳遞價值、甚至是界定社會關係與進行社會互動的功能。

　　視覺語藝的發展並非僅只是攀附著古典語藝學的根源而起（Olson, 2007; Olson, Finnegan, & Hope, 2008），且在當代視覺語藝若要如Foss（2004, 2005）所言，成爲一理論性觀點（theoretical perspective）、一個批判分析架構（critical-analytical）或是一種方法取徑（a way of approaching）時，則顯然應對於理論內涵、研究方法與實踐操作有更多向度的思考。本章乃植基於視覺傳播、視覺文化以及新媒體科技等多個面向下，從關注視覺符號性行動與互動所發揮的語藝動能開始，自傳統語藝、電子語藝（electric rhetoric）（Welch, 1999），轉進到數位語藝（digital rhetoric）的討論中，檢視文本產製與接收過程中視覺符號的意涵及其與語藝的關係，並透過理論與現象之對話，探究視覺語藝和多重媒介表述模式在當代的實踐、發展與反思。

第一節　影像化趨勢下的傳播和語藝發展

一、探尋理論化當代視覺傳播的可能性

　　雖然人們觀看的經驗遠早於文字的接觸，其深層意義更不下於語言的作用（Berger, 1972），但當代透過新舊媒體的匯流與多重媒材

的交互激盪下，大量視覺影像充斥在生活世界中，使得當代成為一個有別於現代化時期的新世代。Kress（2003）指出這樣的改變和下列兩點有關：(1)傳播的媒介逐漸轉向螢幕（screen），而這個轉向對讀寫具有重大的影響；(2)傳播的表達模式也逐漸轉向圖像（image），使得書寫不再占有全部，而只是部分。

而W. J. T. Mitchell（1986）除以「視覺的理念」（the idea of vision）以及「視覺即理念」（the idea as vision）的歷史演進，說明觀看行為和認知行動間有密不可分的關係外，更指出需視圖像為介於視覺、機械、論述、身體與形態間交互作用的複雜結果，因此，解讀圖像不能再單獨以文本的形式來理解，需賦予視覺影像與語言相等的地位，因為兩者皆是透過人為建構與詮釋而產生的（Mitchell, 1994）。此圖像轉向（the pictorial turn）指出傳統口語與文字書寫已不再是建構意義、產生知識的唯一途徑，亦應將視覺影像理解為意義建構的重要機制。

Jenks（1995）曾指出現代世界是一個和「觀看」非常有關的現象（p.2），在此現象中，當代世界的脈動乃是以視覺化（visuality）為中心，需關注視覺符號的意義如何在特定的當下、在看與被看的關係中，解構與再構真實。如此，Mitchell（1994）仿「語言（學）轉向」（the linguistic turn）的概念而提出「圖像轉向」（the pictorial turn），以呼籲人們對圖像的研究應有一種後語言學與後符號學的再發現（a postlinguistic and postsemiotic rediscovery）。此即解讀圖像不能夠只以語言文本的形式來理解，而應正視其為介於視覺、機械、論述、身體與形態間交互作用的複雜結果下，所產生出對現實世界中的支配結構，故而當代人們的生活，從最精緻的哲學思慮到最通俗的大眾媒體，皆無可遁逃於視覺文化、生活真實與現實的問題（Mirzoeff, 1999；陳芸芸，2004）。

這些對於從單一學域出發研究視覺現象之不滿、對現代主義觀點無法掌握當代蓬勃視覺思潮的不滿，以及對過去視覺研究專注於精

緻藝術而忽略日常生活充滿視覺涵義等三方面的不滿，正反映了對現代主義現狀的種種不滿（Mirzoeff, 1999；陳芸芸，2004），也無疑促使我們在定義「視覺傳播」和討論其發展時，應放棄現代性的知識本體論而以後現代性的知識本體論取代。黃應貴（2012）曾引用Lyotard（1979）對現代性與後現代性知識本體論之區辨，說明在現代性之下，科學知識強調自身作爲眞理，認爲知識是創發（invention），採用科學方法與科學證據來進行合乎西方三段式邏輯推論的論證以剔除偏見，建構出一套內在邏輯一致的知識體系。這接近Deleuze與Guattari（1988）所稱之現代性最具特色的樹枝狀知識觀，樹（tree）的形象是根，它有著直根（主根）、樹幹、樹枝、樹葉的層層遞進系統，而二元邏輯（binary logic）便是從樹根到樹葉的演進原則。

　　然而，Moriarty和Barbatsi（2005）卻認爲視覺傳播是一個貫穿且多元的跨領域（transdisciplinary）概念，因此應從後現代性的知識本體論視之。後現代性的知識有著本體論上的轉折，強調知識的形塑主要是關乎個人且以解決自身關注之問題爲出發點，這樣一方面可藉由去領域化而得以拆解二元論的對峙與展現知識延展脈絡的動態與複雜性，另方面則進而可結合不同系統的知識以形成能有效解決問題的新知識。以Deleuze與Guattari（1988）的意象來說，後現代的知識觀是塊莖狀（rhizome），即知識的節點會平行連結、向外延伸且沒有盡頭，所以，描述研究以及理論的詮釋是多樣且像塊莖一樣的恣意蔓生，而非樹枝狀。在塊莖上的任何一點都可以也必須連接到任何另一點，不似樹枝狀的階層結構。而塊莖思維所產生的節點連結，並不是同質化的服膺於某種主體或單一法則的連結；反之，它是永遠與域外、他者、陌生人、女人、小孩、遊牧者等產生的異質性的連結。

　　此理論化概念的建構，不僅反映了全媒體時代數位科技匯流下，人們透過多重形式的訊息穿梭在不同網際網路平台的樣態，也強調知識的形塑主要在於關注解決自身問題爲出發點，並企圖結合不同系統

的知識來形成有效解決問題的新知識。在後現代性之下，作為知識主體的個人，最關注的乃是知識的有效性，這意味著新知識必須有另一套異於現代性知識形構的合法化機制（Lyotard, 1979，轉引自鄭瑋寧，2013）。因此，Moriarty和Barbatsi（2005）認為探討視覺傳播的重要節點（visual communication nodes）包括了視覺素養（visual literacy）、視覺智慧（visual intelligence）、圖像設計（graphic design）、美學（aesthetics）、視覺文化（visual culture）、視覺語藝（visual rhetoric）、視覺符號學（visual semiotics），以及專業性的攝影（photography）、電影（film）、網際網路（internet）、大眾媒介（mass media）、廣告（advertising）等盤根錯節的知識、學科與專業。

此一從現代性到後現代性知識本體論的提出，除為視覺傳播與視覺語藝之關係梳理出一新的思維理路外，也將視覺、影像、觀看、文化、語藝與傳播領域中如電影、廣告、乃至更新的網路網頁和電腦遊戲等媒體研究與實務，帶入探究社會意涵的更深層次中。

二、視覺傳播與視覺語藝

當大量視覺影像充斥在我們的生活世界，逐漸成為人們認知現實、建構文化與社群對話工具時，美國口語傳播學會SCA（Speech Communication Association）也在1970年的語藝年會（National Conference on Rhetoric）上，建議將音樂、視覺影像（visual images）等納入語藝學門研究以呼應方興未艾的視覺轉向趨勢。

事實上，Burke的語藝觀點本就認為，進行符號分析時應含括像是數學、音樂、雕刻、繪畫、舞蹈與建築風格等各種形式（Foss, 2005）；而Ehninger（1972）也指出，語藝既為人類透過符號使用（use of symbolic）策略，以影響彼此的思維，自然不應獨鍾文字、聲音，也不能偏廢了視覺。正因為視覺文化（visual culture）強調人

們對於日常生活視覺經驗和被視覺化的文化產品之意義詮釋與文化認同，且關注的是誰在觀看、如何觀看、認知與權力如何相互關聯等問題，則無論是認同本質的探究或是實踐形式的運用，視覺語藝都成為一個重要的理論與實務取徑（秦琍琍，2017）。王孝勇（2018）亦據此指出，視覺語藝乃是透過觀與看的視覺手法或語文的視覺聯想以促成意義的共用交流、認同理解，並務求實質影響廣大公眾的象徵行動（the symbolic action）。

　　趙雅麗（2003）在其〈符號版圖的迷思：影像化趨勢下語言的未來發展〉一文中，從傳播研究的重心──意義的反映、再現和建構等面向，深入探究視覺傳播與言辭傳播間的相通、相異、相合與相競，並指出視覺符號與言辭符號兩者間的「定錨」關係，正得以完善當下意義的呈現和詮釋。然若將視覺傳播後現代性知識本體論的思維加入，則不僅能拆解傳播意義中具體／抽象、個體／整體、作者／受眾、人／環境、其時／當下等種種時間、空間、主體與形式的對峙，更在一個向度上將溝通的主體從符號回歸到人（溝通者）本身。在全媒體時代，個人作為溝通的主體，意義產生則如人類學者所言，是在日常生活實踐中所體現出的切身再現（embodied representation）（鄭瑋寧，2013），故而，每個時代的每個地區都有其視覺文化，每個人在每個生命階段也皆會累積多元的視覺文化經驗。

　　因此，從前述各個節點的概念構連與開展，意味著彰顯不同專業與學科的傳統，以創造出不同文化經驗的可能性並衍生理解文化意義的多樣性，並梳理出理論化當代視覺傳播的脈絡，同時也方方面面的顯示出，任何的溝通與文化幾乎都少不了以視覺為主的語藝展現（rhetoric of display）（Prelli, 2006，轉引自Herrick, 2013）。

　　Hill和Helmers（2012）認為視覺語藝是運用視覺圖像，影響人們態度、觀點和信念以達溝通目的之方法，因此，視覺語藝研究的首要提問是：圖像如何對觀眾產生語藝的作用？（p.1）而Albakry和Daimin（2014）進一步指出，視覺語藝是運用圖像創造意義或建構

論據（argument）的一種溝通形式，是關於圖像如何獨自或與其他元素協作而呈現給受眾的論據訊息。另有學者如Martin（2014）和Foss（2005）等人則指陳，視覺語藝牽涉兩個面向：一是物件本身的視覺影響（the object itself），另一則是對於符號和視覺語意的語藝分析（semiotics and visual semantics），兩者論點的基礎，皆是將視覺語藝理解為文化中視覺符號之語藝功能的影響和意義的管理。數位時代的語藝混合了多種形式與媒材的展現，則其力道和焦點是否仍是說服呢？下一節將進一步討論視覺語藝的本質與意義。

第二節　視覺語藝的理論發展與辯證

　　秦琍琍（2017）在一篇討論數位時代視覺語藝理論與現象的文章中指出，當代學者對視覺語藝探究和理論建構的意見歧異，源自於分別從「從視覺傳播到視覺語藝」和「從語藝到視覺語藝」兩個脈絡而來。前者將視覺語藝看成是視覺形式的語藝展現，而後者則是在實踐視覺形式的同時，更多的關照到語藝學理論和語藝批評分析的傳統。

一、從視覺傳播到視覺語藝

　　從視覺傳播的角度出發，則「再現」無疑是一個重要的概念。「再現」是一個用來反映現實世界的象徵活動，主要是指由一套表意實踐的符碼來代表或描述存在於「真實」世界中的另一個客體，因此，哲學上指的是人類透過主體的展現，以抽象化後的概念來演繹世界正在進行的狀況，這些概念即被視為再現了客觀的外在世界（沈清松，1993）。而進入媒體研究與文化研究的範疇，則聚焦於傳播

媒體與社會眞實的關係，認爲「再現」並非是對於「眞實」的純粹反映，而是一種文化建構的結果，其中摻雜了種種預設的價值和意識形態（Grossberg et al., 2006）。

Kenney（2005）曾從Saussure所指與能指的兩元模式（two-part model），到Peirce圖像性、指示性與象徵性符號的三元模式（three-part model），一路到W. J. T. Mitchell以再現軸（axis of representation）和溝通軸（axis of communication）所呈現的一個平行四邊形所代表的四元模式（a four-part model）來清楚說明再現理論的演進。這其中，尤其以W. J. T. Mitchell的概念最能強調溝通行動，並勾勒出圖像產製者與觀看者間的互動、情感與意向。

關於「意向」的探討，雖然可從符號學進入現象學的理解中，因爲現象學必然涉及「意向」，Barthes在其晚期的作品《明室》中，就曾指出一張相片涉及了三種不同做法（或意向）的客體：操作者（攝影師）的意向、承受者（被拍攝者）的意向、觀看者看照片時的意向（陳平，2011）。但回到視覺符號與語藝的討論中，則要從Barthes（1977）早先的文章〈圖像的修辭〉（Rhetoric of the image）討論起，因爲Hill與Helmers（2004）認爲互文性（intertextuality）、Peirce的符號學和Barthes的符號論是研究視覺文本時，可以借重的三個重要面向。

Barthes該文從語藝學出發，透過分析義大利麵廣告圖像的指意（signification）作用，除說明廣告中指意作用有意向性外，並逐步辨析圖像的意義運作層次與結構，指出該則訊息包含了三種形態：語文性的文本訊息（linguistic message）、符碼化的圖像訊息（coded iconic message）和無符碼化的圖像訊息（non-coded iconic message）。如同文字符號訊息具有外顯的明示義（denotation）與內涵的延伸義（connotation）般，圖像訊息也蘊含著外顯直接的（literal）影像訊息和具有文化意義也牽涉到創作者的風格、甚至意識形態的象徵性影像訊息（symbolic message）。Barthes以此視覺語藝分

析架構，檢視視覺影像的圖文競合性、符號系統性，以及圖像指向外在世界的對話互動性。此番論述對於視覺語藝研究最大的助益之一，正是在於上述圖像訊息意義層次的導入可視之為語藝行動（Hill & Helmers, 2004）。

Foss（2004, 2005）將視覺語藝定義為「視覺語藝是溝通性的文本」以及「視覺語藝為一觀點」兩項。前者將視覺語藝當成是一溝通性的文本（communicative artifact），此文本可為物件、圖像或是行動，而視覺物件被視為溝通文本需具象徵性的符號行動（symbolic action）、有人類行動的介入（human intervention）和需有受眾存在（presence of an audience）等三個條件；後者則認為視覺語藝涉及對於視覺影像或視覺資料的觀點（perspective），亦即視覺影像的語藝觀點，且需具備影像的本質（nature of the image）、影像的功能（function of the image）和影像的評估（evaluation of the image）等三項特性。視覺語藝為一觀點則一方面可以描述、解釋、評估與運用的範疇變得十分廣泛，可以含括從豐富的再現到完全的抽象，甚至數位資訊符號等；另方面則使得「視覺語藝」更易於被理解成是「視覺」加上「語藝」，甚至是直接從視覺中心主義（ocularcentrism）的角度來討論。

在當代數位匯流的全媒體時代中，多模態（multimodal）的新文本形式不斷生成，其時，物理實體的存在與互動性的行為影響了「新文本」的觀看方式與詮釋，閱讀轉變成為一個與情境有關的形式，甚至更允許獨特情境下的文本詮釋（Bolter & Gromala, 2003）。像是邱誌勇（2014）曾以「圖像＋軟體＝數位時代的視覺語藝」（頁122）之概念，總結說明數位時代視覺語藝的本質不再僅是關乎勸服與言說策略的組構關係，乃在於人們如何解構數位視覺圖像背後數據與軟體之規律與模式。如此，則從視覺性的角度來看，「圖像」與「軟體」的確是數位時代視覺語藝最需要探討的命題之一，但數位圖像乃至於動態影像在本體上的轉變（ontological transformation），

是否也代表著數位時代的視覺語藝（研究）也有著本體上的轉變，而應改以「圖像＋軟體＝數位時代的視覺語藝」（邱誌勇，2014，頁122）之姿存有呢？這個問題的回答，則恐怕是應該回到語藝學傳統發展的脈絡來思考更為適切。

🌱 二、從語藝到視覺語藝

語藝學的源起可溯至古希臘，自Aristotle在其名著《修辭學》（*Rhetoric*）中，將語藝定義在任何既定的情況下，發覺所有可運用說服方法的藝術後（Herrick, 2013），「說服」便成為古典語藝的核心概念。但自文藝復興以降，近代語藝發展包括了三條路線（Kennedy, 1980, 1994）：認識論的語藝（epistemological rhetoric）結合古希臘的語藝與當代心理學的知識，而延續了哲學的語藝傳統；文學的語藝（belletristic rhetoric）發展出現代文學批評與語藝批評的基礎；演說術的語藝（elocutionist rhetoric）延續的是技術、詭辯的語藝傳統，關心的是聲音控制等技術問題。

一直以來，語藝的定義從Aristotle的說服、認同（Burke, 1969）、邀請（Foss & Griffin, 1995）或是意識形態的催化（McGee, 1990）等，有著許多不同的看法（林靜伶，2014）。近代對語藝更為寬廣的認定則是人類使用符號以與他人溝通而表現的一種主動行為（Foss et al., 1991），或是使用符號以建構真實的行動。這樣的看法帶出的不僅是所謂的語藝觀點（rhetorical perspective），更帶出是一種有目的、使用符號的語藝行動（rhetorical action）。因此，語藝可說是人類活動的基礎，是人類認知世界的基本過程，更是人類溝通與互動的基礎（Hess & Davisson, 2018）。這也即是為何語藝學者Kenneth Burke認為要定義語藝（defining rhetoric）應該先從定義人（人性）（defining humanness）開始。

Burke指出，唯有當個體間因著語藝論述與行動產生實質共享

（consubstantiality）而彼此認同時，才能達成說服。因此，認同的概念，一方面意味著個體差異與區分（division）的存在；另一方面，透過了語言與符號的互動，分隔的個體因尋求共享，產生認同、甚至於互相隸屬的感覺，從而形成社群與組織（秦琍琍等，2010）。Herrick（2013）更認為語藝其實是幫助人類瞭解「我們如何透過象徵性行動與方法定義自我和社群」、「如何瞭解符號意義的本質」，以及「人類的動機與行動」等三大存有的基礎提問。

如此，則不僅是所有溝通行為都有說服的面向，更重要的是如其在《A Rhetoric of Motives》（Burke, 1950/1969）一書中所說，語藝乃為人類使用符號以與他人溝通並進而產生認同與說服的一種象徵性行動（symbolic action），此說為視覺語藝研究開啟了更多的可能（Olson, Finnegan, & Hope, 2008）。此外，語藝若為一種象徵行動，則視覺語藝無疑更強調了視覺性（visuality）在此行動中所扮演的重要角色。Olson、Finnegan與Hope（2008）就指出，圖像與文字本在溝通情境中乃是彼此相連，因此，視覺語藝和以文字論述為主的傳統語藝乃為一體而非其補充物，且視覺語藝功用得以發揮的最大化，乃是在於和其他領域相關概念的連結。因此，情境／脈絡（context）顯然是當代語藝研究的重心所在。

Olson（2007）曾對發展超過半個世紀以上的視覺語藝進行系統性的回溯與爬梳，認為視覺語藝之所以能在美國方興未艾的蓬勃發展起來，主要有智識上、科技上、社會上、政治上以及經濟上等多個原因。智識與學術上的根源除了歸功於Burke（1950/1969）之書外，在1971年多位傳播和語藝學者對於提升語藝批評（rhetorical criticism）所發表的一份報告中，也清楚的指出語藝批評應在所檢視的情境、媒介、形式以及象徵符號（symbol）的範疇上更加拓展；而從1960年代到1970年代，美國在經歷越戰的同時，內部相關的族群、性別等社會議題也持續發酵和拉鋸中，再加上攝影、電影、電視、甚至網際網路等媒體科技的發展，自然影響社會文化發展甚鉅，使得視

覺訊息在學術研究與日常實務中的重要性大幅提升。

　　從實踐的角度，這除了說明爲何學者認爲視覺性一直存在於傳統語藝意識之中（Gronbeck, 2008），也陳明當代視覺語藝的主要功用，是透過視覺符號和語言的運用來創建視覺論證（visual arguments）以達說服的溝通行動。王孝勇（2018）更詳細的解釋，視覺語藝乃是透過觀與看的視覺手法或語文的視覺聯想，以促成意義的共享交流、認同理解，並實質影響公眾的象徵行動（the symbolic action）。

　　雖然傳統語藝批評的研究多數以語文論述爲主，且在當代視覺語藝發展過程中亦不乏質疑者，但語藝批評的對象本來就包括了文字論述（verbal discourse）與非文字論述（nonverbal discourse）（林靜伶，2000），而非文字論述則指非語言符號的訊息形式，包括繪畫、建築、雕刻、服飾、手勢、表情、顏色、舞蹈、眼神、飾品等（蔡鴻濱，2011）。因此，若是使用傳統語藝的理論內涵與研究方法來檢視非文字論述的影像文本，一方面即如王孝勇（2016）所稱，是語藝言者對視覺物件加以組裝設計以進行視覺說服的語藝動能分析；另方面則可以從語藝的觀點來探究視覺影像變成溝通或語藝現象的知識之可能，換言之，視覺語藝就是語藝學中對於視覺影像的研究（Foss, 2005）。

　　這樣的理解，正可以進一步過渡到當代對於認識論的語藝（Scott, 1967, 1976, 1993）之主張，認爲人類乃是在語藝的運用過程中產生知識，因此呼應了知識與眞實應爲語藝的中心。而語藝既是眞實辯證的過程，又是意義承載的經過，且受眾（audience）有著不同的理解能力與詮釋方式，那麼合理的提問是：「語藝如何再現眞實？」又：「再現何種眞實？」或者再進一步思辨：「知道的方式是只有一種還是多種？」以及：「語藝尋求的又是何種知識呢？」而Scott在前後幾個篇章中所給的回應是，人們知的方式是多元且複雜的，但語藝運用過程中所建構的知識與意義必然是在該語藝社群中，

經由社會互動所共構的知識與真實。

　　也唯有如此，在網路時代的「電子符號行動者」（electronic symbolic actors）（黃鈴媚、沈錦惠、曹開明，2014），才有可能在每一次的溝通互動中學習與成長。而這種由個體而社群、因行動而能動的全媒體時代下，語藝學的研究與發展，既無法忽略視覺語藝的重要與必要，也應更重視透過語藝行動從知識與真實建構而帶出的反身性（reflexivity）之可能。換言之，若將視覺語藝看成是如Garfinkel（1967）所言，從自主的具體展現、到有意識的面對世界、乃至於日常生活的實踐活動，則視覺語藝的本質自然不應僅是關乎說服與言說策略的組構關係，當然也不只是在「圖像」與「軟體」的關係上打轉，而應該聚焦在人們接收數位視覺圖像之際，如何解讀語藝言者、自身與視覺訊息間的互動和關係上。這種跳脫口語和書寫二元論的思維以及對於知識論的解構，正說明視覺語藝的發展不僅有著溝通的實用，也有著靈動的批判力。

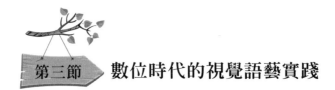

第三節　數位時代的視覺語藝實踐

一、數位語藝與視覺語藝的交融

　　雖然傳統語藝一路發展到視覺語藝，但古早「語藝」（rhetoric）一詞就如同今日「傳播」（communication）之意一樣，關心的都是溝通時象徵符號的使用（Foss, 2005, p.141），而且語藝理論與實踐更關心在特定的時間、空間和歷史情境（脈絡）中，言者如何透過語言符號的使用，對特定的公眾進行說服並建構認同。此時，藝語情境乃為核心關鍵。

　　數位語藝是指研究運用數位科技的各種語言、身體、機械或文本展現時的意義建構、說服與認同（Hess & Davisson, 2018）。換言之，可視爲語藝理論於數位文本和展演的運用。Zappen（2005）認爲數位語藝是將著重探討說服的傳統語藝研究，移轉到數位空間，藉以擴展語藝理論與批評方法的研究領域，如關切個人、認同與社群的角度，並指出數位語藝研究應從：(1)探究數位文本中的語藝策略，(2)界定新媒體的語藝特徵、作用與限制，(3)探究數位認同的形塑，和(4)思考建構語藝社群的效用等範疇來建構一整合理論（Eyman, 2015；蔡鴻濱，2016）。

　　Warnick（2007）則延續Burke的認同概念，強調網路論述特徵在於網路言者提出議題觀點後，引發其他網路言者參與互動與關切，交織形成符號行動，進而形塑社群認同，因此針對促成認同化的符號行動，提出較具體的分析取徑（analytic approach），認爲數位時代／數位場域可研究的語藝觀點有三：可性度（ethos）、互動性（interactivity）、互文性（intertextuality）。

　　然而，Edbauer（2005）認爲數位語藝情境已非傳統思維，提出用語藝生態學（rhetorical ecologies）的概念來取代語藝情境（rhetorical situation），一方面從字面上解掉情境situation文意是位於一個地方place（fixed, physically located）的固著性；另方面解構以往對於語藝情境理解傾向於將情境分解爲個別部分如觀眾、緊急事件、語藝或文本等習慣，以彰顯數位語藝既是形塑當下又是持續流動過程的特色。

　　在數位語藝的情境中，受眾（觀者）絕非被動，而是能透過科技與數位多元平台參與產製文本，因此，數位視覺語藝的發展是融合傳統修辭學和人文科學的概念，在此交融中有幾點應被重視：

（一）瞭解視覺語藝在數位環境中的運作

　　任何語藝理論都可以作爲一種動態的策略系統，用於創造、反應

和接受意義，而數位語藝雖強調言／作者，受眾和情境間進行的對話和談判的系統，但亦側重使用新傳播和信息技術產製意義的多種方式（the multiple modalities）。

視覺語藝在數位環境中的書寫與運作，則涉及(1)觀眾立場：觀眾參與的方式和書寫者／創作者創製的特質的呈現有不同互動方式；(2)透明度：線上文檔與建立的方式相關，運用印刷、平面設計、電影和網路頁面等熟悉的慣例越多越透明；(3)混合性：線上文檔結合視覺和口語，混合性也允許作者和觀眾建構多重身分認同並產生愉悅。

（二）視覺論證

圖像並非獨立運作，它們浸入既有文化和歷史知識，並通常與語言或文本論證相結合。由於視覺具有即時性、逼真性和具體性，常勝於千言萬語，有助於影響受眾的接受度，故而視覺論證（visual arguments）的功能，在於幫助觀者對於所見圖像的認知過程中，進行視覺推理以完善語藝論證的結構，亦即是圖像猶如論證或隱含的論據，讓觀眾可以自行填寫部分證據，推理或聲稱完成論證。

視覺語藝運用圖像或是影像來進行論證，以說服觀者接受特定的觀點或想法。語藝學最常被提及的論證，一是三段論（syllogism）的大前提、小前提和結論的論證結構，或藉由消除任何一個前提而縮短的省略式三段論法（enthymeme）的論證；另一則是圖門（Toulmin, 1958）使用宣稱、資料、支持、論據、限制與駁斥（反例）等六個結構元素來形成論證的理論架構。由於視覺具有言語無法產生的即時性、逼真性和具體性，有助於影響受眾的接受度。

（三）網路迷因的視覺語藝

網路迷因／模因（internet memes）是指透過網路病毒般散播而一夕爆紅的人事物，不單指網路紅人，而是一組觀念、價值或風格在

社群媒體中快速傳播的新現象。其吸引力在於互文性的本質，將來自主流媒體的圖像，並置或重新混合以創建新層次的意涵。像是近兩年的「錦鯉」現象與說詞即是一例。

二、多模態文本的語藝分析與社會實踐

　　由於研究對象的論述形式不再只限於文字，而是圖像、甚至是動態的影像（moving image），因此，對於多模態文本的認識與新媒體的討論顯然有其必要性。Mills（2010）認為多模態（multimodality）一詞與數位化高度關聯，多模態文本因為結合了影、音、姿勢、空間或是文字的形式而更豐富、整飾並鮮活了意義。

　　數位時代敘事的特性包括了跨媒介的互媒性（intermediality）、文本互涉的互文性（intertextuality）和多重媒材的多模態（multimodality）。也由於網路媒體的文本特質，往往迸發出新的內涵與延伸義（connotation）。所以當用視覺文本來回應研究問題時，Rose（2007）提醒應從批判性的取徑（a critical approach）來注意三件事：其一是影像本身，分析時宜仔細端詳影像，視覺再現常有其自身的效用；其二是社會情境和視覺物的效用，影像再現如同文化的實踐般，有其社會文化意義；其三則是研究者自己觀看影像之道，如同Haraway（1991, p.190）所說「此非易事」（this is not a straightforward task），研究者需要有反身性的思考。

　　而在傳統語藝批評方法中已擁有的分析概念與架構中，Foss（2005）指出，視覺物件成為視覺語藝需具有符號象徵行動（symbolic action）、人類介入（human intervention）和受眾的存在（presence of an audience）等三個條件，因此，植基於此類分析架構與概念上，可再運用Rose（2007）所說分析視覺意義的場域

（sites）和模態（modalities）兩種工具加以考量[1]，以轉進到多模態文本的分析上。

Foss（2005）進一步彙整出以語藝為基礎的「從語藝到視覺的演繹應用」（deduction application of the rhetorical to the visual）和以圖像為基礎的「從視覺探索歸納出的語藝」（inductive exploration of the visual to generate the rhetorical）兩種研究取徑。前者將視覺影像當成如語言文本般，透過演繹應用從語藝構造與理論來檢視視覺文本；後者歸納法乃對於視覺影像特徵的調查，目的在透過思考獨特的視覺符號推出語藝理論，也就是透過尋找視覺影像的規則，得出與視覺符號（visual symbol）相關聯的語藝理論或觀點。

在數位時代中，媒體科技的發展固然左右著人類社會朝向更加凝聚或更加疏離而發展，但此時代也讓公民的公共參與和意見表達有了更多發聲平台，並改寫產製與消費兩造間的關係，使閱聽人成為可以主動生產、積極發聲、參與對話的主體。特別是社群媒體的興起，除具個人訊息傳遞與情感聯繫的功能外，更是糾集社會共識並將之轉化成集體行動的重要工具，從政治競選的宣傳利器、社會運動理念的宣揚、商品銷售的口碑傳播、到天災人禍號召志工與徵集物資，新媒體平台的匯流，集結對於各種公共議題的民意並促成真實世界的行動（見李明穎，2012；秦琍琍，2014；鄭陸霖、林鶴玲，2001；Youmans & York, 2012等）。

在此環境中，受眾（閱聽人）不僅由過去訊息接收者的角色，搖身一變為主動的訊息產製者，興起了所謂的參與式文化（柯舜智，

---

[1] Rose（2007）指出有三種意義生產的場域，包括影像製作場域（the site of production）、影像本身場域（the site of the image），以及閱聽眾觀看的場域；而每一種場域都有三種不同的面向，即其所稱為之模式（modalities），透過這些模式檢視影像，有助於對影像有更充分的瞭解，包括技術的（technical）模式、構成的（compositional）模式，以及社會的（social）模式等。

2014），事實上，意義的產製和詮釋也常是重疊與不可分割的（Allen, 2007，轉引自Radumilo, 2015），也因而當代社會中符號性行動與互動所發揮的語藝能動性，也從早期的認同、說服，轉而至今日倡議與社群建構的實踐。也正因為語藝言者與閱聽眾間的多元互動形式和共享關係，已然跳脫了傳統語藝的線性框架，使得視覺語藝的社會實踐可以是關乎意圖策略、關乎身體與生活經驗，也可以是關乎社群與文化的。

近年對於視覺語藝的分析和社會實踐，多從下面幾個面向探討：

（一）視覺隱喻

隱喻（metaphor）是人類用以認知與建構世界的一種重要的心理模式，作為一個哲學上以及概念上的抽象模式，擴展了在各方面的應用。隱喻的基本原理是用一個比較具體的概念來理解另外一個較抽象的概念，前者一般稱之為來源域（source domain），而後者稱之為目標域（target domain）（Lakoff & Johnson, 1980）。

修辭學中常用隱喻，因為隱喻關乎意圖策略、隱喻關乎身體與生活經驗、隱喻是潛意識心象的映現、隱喻透露身心的交互影響，因此，隱喻使用即語藝行動（沈錦惠，2014）。視覺隱喻是通過表示特定關聯或相似點的視覺圖像來表示人、地點、事物或想法，又稱圖像隱喻和類比並置。因此，沈錦惠（2014）說隱喻為視覺語藝定位。

（二）視覺化、時間與空間

語藝行動與事件從來不孤立抽離，必有其歷史文化及社會的情境脈絡，也必牽扯到角色、場景及行動。換言之，時空屬性並在共在，空間符號的運作有其地理性的深層意義和社會意涵。換言之，任何的地理標示、城市景觀和空間符號，都有著特定社會文化的意涵和意識形態的認同與識別。

沈錦惠（2011）在其〈語藝與時機〉一文中指出語藝重時機，

時空屬性並在共在，亦即是時機（kairos）一詞的蘊意所在。事件必有其生發因果及過程，也就是必有其會展延、會有未來預期或想像的「暫時性」（temporality），因此，不以靜態物件而是以動態行動來看待語藝文本，方能展現符號行動者（a symbolic actor）的語藝動能。

第四節　結語：視覺語藝和視覺文化的交織

　　從新媒體到全媒體，數位媒體的發展一則打破了傳統大眾媒體與小眾媒體的界線，產生了分眾與新興社群媒體的現況；另方面，透過多媒體平台的融合與多模態文本內容的產製，大量視覺影像充斥在我們的生活世界中，本章即從探尋理論化當代視覺傳播的可能性開始，進而討論視覺語藝的本質，以及多模態文本的語藝分析和社會實踐。

　　本章的目的，與Hill和Helmers（2004）所合編的《Defining Visual Rhetorics》一書相同，並不執著於一味的定義何謂視覺語藝，而是希望透過前述章節的討論，回應本章的終極關懷——視覺語藝在此時代中的可能方向？Olson、Finnegan與Hope（2008）曾說視覺語藝學術概念與研究架構的發展，一是源自於歷史悠久的傳統語藝學；一是汲取自各個人文學門中的豐富概念。也因此，雖然各學門對於「視覺」指涉概念和分析方法有異，但卻能提升視覺語藝從關乎視覺影像與說服之間的關係，進一步到注重參與視覺影像再現者（包括產製者和接收者）與視覺訊息之間的互動關係，這種真實建構的視覺選擇，即是視覺語藝行動的根本。

　　而我們身處在當代紛雜、甚或過剩的視覺意象中，又該如何面對這些文化形式和圖像並加以過濾、挑選、近用、學習並挪用呢？又或者是從產製者的角度，要如何透過影像運作對觀者產生語藝力道呢？

顯然，語藝能動的彰顯是必須與反身性攜手並進的，如此，在溝通互動的過程中，我們一方面能更清明（self-clarification）的透過「言辭語言」和「視覺語言」來構築生活世界的整體圖像；另方面，則能更細緻的逐步觀照與辨識出從傳統語藝到視覺語藝所浮現出關乎定義的假設，以及其定義所涉及的關鍵分析概念，方有可能對視覺語藝提出本體論的基礎和知識論的立場。

參考文獻

一、中文部分

王孝勇（2016）。Mikhail Bakhtin「時空型」概念的視覺語藝意識與實踐之初探：以2014年臺北同志遊行為例。**中華傳播學刊**，**30**，頁143-178。

王孝勇（2018）。逆反時光、探訪視覺：視覺語藝的古典脈絡與其示現。**傳播研究與實踐**，**8(2)**，頁213-248。

李明穎（2012）。網路潛水者的公民參與實踐之探索：以「野草莓運動」為例。**新聞學研究**，**112**，頁77-116。

林靜伶（2000）。**語藝批評——理論與實踐**。臺北市：五南。

林靜伶（2014）。網路時代社運行動者的界定與語藝選擇。**中華傳播學刊**，**26**，頁3-33。

沈清松（1993）。從現代到後現代。**哲學雜誌**，**4**，頁4-25。

沈錦惠（2011）。時機與傳播情境：評介《語藝與時機：歷史、理論、實踐論文集》。**傳播研究與實踐**，**1(2)**，頁269-283。

沈錦惠（2014）。隱喻即視覺化的語藝行動：網路時代談視覺語藝的古典根源。**中華傳播學刊**，**26**，頁63-106。

陳平（2011）。**攝影與情感：晚期羅蘭巴特的攝影現象學**。國立中山大學哲學所碩士論文。

邱誌勇（2014）。視覺性的超越與語藝的複訪：數位時代視覺語藝的初探性研究。**中華傳播學刊**，**26**，頁107-135。

柯舜智（2014）。淺談數位資訊時代的科學傳播。**科學月刊**，**531(3)**，頁199-203。

秦琍琍（2017）。從全媒體時代看語藝的實踐：理論與現象的對話。林富美主編，**跨界、匯流語全媒體**。臺北市：揚智。

秦琍琍（2014）。從「事件」到「議題」再思媒體的角色──以旺中案走路工事件爲例。中華傳播學會2014年會。臺北市：銘傳大學。

秦琍琍、黃瓊儀、陳彥龍、張嘉予（2010）。組織認定、企業論述與組織文化的變革：從語藝觀點檢視公廣集團的整併過程。**新聞學研究，104**，頁101-145。

陳芸芸譯（2004）。**視覺文化導論**。臺北市：韋伯文化。（原著Mirzoeff, N. (1999). *An Introduction to Visual Culture*. London: Routledge.）

彭芸（2011）。**NCC與數位匯流：匯流政策芻議**。臺北市：風雲論壇。

黃鈴媚、沈錦惠、曹開明（2014）。網路傳播社會中的「電子符號行動者」：從臺灣國光石化案重構閱聽人之主體性。**傳播與社會學刊，27**，頁101-148。

黃應貴（2012）。**「文明」之路第三卷：新自由主義秩序下的地方社會（1999迄今）**。臺北市：中央研究院民族學研究所。

趙惠玲（2004）。後現代藝術教育思潮：視覺文化藝術教育。**台灣教育，628**，頁14-22。

趙雅麗（2003）。符號版圖的迷思：影像化趨勢下語言的未來發展。**新聞學研究，77**，頁187-215。

蔡鴻濱（2011）。語藝研究之視覺挑戰。中華傳播學會2011年會。新竹：交通大學。

蔡鴻濱（2016）。初探數位語藝──理論與方法的檢視與重構。2016中華傳播學會年會。嘉義縣：中正大學。

齊隆壬（2015）。**數位時代的影片分析**。臺北市：五南。

鄭瑋寧（2013）。站在知識前沿，探詢理論化「當代」的可能性：評述《「文明」之路》。**考古人類學刊，78**，頁171-184。

鄭陸霖、林鶴玲（2001）。社會運動在網際網路上的展現：台灣社會運動網站的聯網分析。**台灣社會學，2**，頁5-96。

劉幼琍（編）（2012）。**數位電視與新媒體平台政策白皮書**。臺北市：政治

大學。

二、外文部分

Albakry, N. S. & Daimin, G. (2014). The visual rhetoric in public awareness print advertising toward Malaysia perceptive socioculture design. *Procedia - Social and Behavioral Sciences, 155,* 28-33.

Allen, R. (2007). *Hitchcock's romantic irony.* New York: Columbia University Press.

Baldwin, T. F., McVoy, D. S., Steinfield, C. W., & Steinfield, C. (1996). *Convergence*: *Integrating media, information & communication.* Thousand Oaks, CA: Sage.

Barthes, R. (1977). *Image, music, text* (S. Heath, Trans.). New York: Hill and Wang.

Berger, J. (1972). *Ways of seeing.* London: BBC Publications.

Bolter, J. D. & Gromala, D. (2003). *Windows and mirrors: Interaction design, digital art, and the myth of transparency*. Cambridge, MA: The MIT Press.

Burke, K. (1969). *A rhetoric of motives.* Berkeley, University of California Press (Original work published 1950).

Deuleze, G. & Guattari, F. (1988). *A thousand plateaus: Capitalism and Schizophrenia.* (B. Masummi, trans.). London: The Athlone Press.

Ehninger, D. (1972). *Contemporary Rhetoric: A Reader's Coursebook* (Ed.). Glenview, IL: ScottForesman.

Eyman, D. (2015). *Digital rhetoric: Theory, method, practice*. Ann Arbor, MI: University of Michigan Press.

Foss, S. K. (2005). Theory of Visual Rhetoric. In K. Smith, S. Moriarty, G. Barbatsis, and K. Kenney (Eds.), *Handbook of visual communication: Theory, methods, and media* (pp.141-152). Mahwah, New Jersey: LEA.

Foss, S. K. (2004). Framing the study of visual rhetoric: Towards a transformation of rhetorical theory. In C. A. Hill & M. Helmers (Eds.), *Defining visual rheto-*

rics (pp.303-313). Mahwah, NJ: Lawrence Erlbaum Associates.

Foss, S. K., Foss, K. A., & Trapp, R. (1991). *Contemporary perspectives on rhetoric* (2nd ed.). Prospect Heights, IL: Waveland Press.

Garfinkel, H. (1967) *Studies of ethnomethodology.* New Jersey: Prentice-Hall Inc.

Gronbeck, B. R. (2008). Visual rhetorical studies: Traces through time and space. In L. C. Olson, C. A. Finnegan, & D. S. Hope (Eds.), *Visual rhetoric: A reader in communication and American culture.* London, UK: Sage.

Grossberg, L., Wartella, E., Whitney, D. C., & Wise, J. M. (2006). *Media making: Mass media in a popular culture.* Thousand Oaks, CA: Sage.

Handa, C. (Ed.). (2004). *Visual rhetoric in a digital world: A critical sourcebook.* New York: Bedford/St. Martin's.

Herrick, J. A. (2013). *The history and theory of Rhetoric: An introduction* (5th Ed.). Boston, MI: Pearson.

Hess A. & Davisson, A. (2018). *Theorizing digital rhetoric.* New York: Routledge.

Hill, S. A. & Helmers, M. (2004). *Defining visual rhetorics.* Mahwah, New Jersey: Lawrence Erlbaum Associates.

Hill, C. A. & Helmers, M. (2012). *Defining visual rhetorics* (Eds.). Mahwah, NJ: Lawrence Erlbaum Associates (Ebook).

Jenks, C. (1995). The Centrality of the eye in western culture: An introduction. In C. Jenks (Ed.), *Visual Culture* (pp.1-25). London: Routledge.

Kenney, K. (2005). Representation theory. In K. Smith, S. Moriarty, G. Barbatsis, & K. Kenney (Eds.), *Handbook of visual communication: Theory, methods, and media.* Mahwah, New Jersey: LEA.

Kress, G. (2003). *Literacy in the new media age.* London: Routledge.

Kress, G. & van Leeuwen, T. (1996). *Reading images: The grammar of visual design.* London: Routledge.

Lyotard, J. (1979). *The Postmodern Condition: A Report on Knowledge.* Geoff Bennington and Brian Massumi, trans. Minneapolis: University of Minnesota Press.

Martin, K. N. (2014). Navigating the scattered and fragmented: Visual rhetoric, visual studies and visual communication. In E. Bell, S. Warren, & J. E. Schroeder (Eds.), *The Routledge companion to visual organization* (pp.188-201). Abingdon, UK: Routledge.

Mills, K. A. (2010). A Review of the "digital Turn" in the New Literacy Studies. *Review of Educational Research, 80*(2), 46-271.

Mirzoeff, N. (1998). What is visual culture? In N. Mirzoeff (Ed.), *The Visual Culture Reader* (pp.3-13). London: Routledge.

Mitchell, W. J. T. (1986). *Iconology: Image, text, ideology*. Chicago: University of Chicago.

Mirzoeff, N. (2000). *An introduction to visual culture*. London: Routledge.

Mitchell, W. J. T. (1986). *Iconology: Image, text, ideology*. Chicago: University of Chicago.

Mitchell, W. J. T. (1994). *Picture theory: Essays on verbal and visual representation*. University of Chicago Press.

Moriarty, S. & Barbatsi, G. (2005), From an oak to a stand of aspen. In K. L. Smith, S. Moriarty, K. Kenney, & G. Barbatsis (Ed.), *Handbook of visual communication: Theory, methods, and media*. Mahwah, New Jersey: LEA.

Olson, L. C. (2007). Intellectual and Conceptual Resources for Visual Rhetoric: A re-examination of Scholarship Since 1950. *Review of Communication, 7*(1), 1-20.

Olson, L. C., Finnegan, C.A., & Hope, D. S. (2008), Visual rhetoric in communication: Continuing questions and contemporary issues. In L. C. Olson, C. A. Finnegan, & D. S. Hope, *Visual Rhetoric: A Reader in communication and American culture* (Eds.). London, UK: Sage.

Prelli, L. J. (2006). *Rhetorics of display* (ed.). Columbia, SC: University of South Carolina Press.

Radumilo, S. T. (2015). Multimodality and (moving) image. Investigating Culture, 1 上網日期2017/3/28 http://journals.cultcenter.net/index.php/investigating/

article/view/201/0

Rose, G. (2007). *Visual methodologies: An introduction to the interpretation of visual materials* (2nd ed.). London: Sage Publications.

Scott, R. L. (1967). On viewing rhetoric as epistemic. *Central States Speech Journal, 18*(1), 9-17.

Scott, R. L. (1976). On viewing rhetoric as epistemic: Ten Years Later. *Central States Speech Journal, 28*(4), 258-266.

Scott, R. L. (1993). Rhetoric is epistemic: What difference does that make? In T. Enos & S. C. Brown (Eds.), *Defining the new rhetoric* (pp.120-136). Newbury Park, CA: Sage.

Toulmin, S. (1958). *The uses of argument*. Cambridge, England: Cambridge University Press.

Warnick, B. (2007). *Rhetoric online: Persuasion and politics on the world wide web*. NY: Peter Lang.

Welch, K. E. (1999). *Electric Rhetoric: Classical rhetoric, oralism, and a new literacy*. Cambridge, MA: MIT Press.

Youmans, W. L. & York, J. C. (2012). Social media and the activist toolkit: User agreements, corporate internets, and the information infrastructure of modern social movements. *Journal of Communication, 62*, 315-329.

Zappen, J. P. (2005). Digital Rhetoric: Toward an integrated theory. *Technical Communication Quarterly, 14*(3), 319-25.

第六章

數位時代的公共關係和語藝學

費翠

在公共關係學術領域發展過程中，當語藝理論應邀橫世而出時，除了基於傳播學系譜上的溯本清源的因緣，有助於釐清兩種學說交會與傳承的關係；更重要的是將語藝作為點亮多元思想體系攻錯時的一盞明燈，並一一梳理公共關係所承載的實務與學理脈絡。本章的目的即是解析公共關係與語藝學時代交會的價值與意義，並以公共關係語藝研究彰顯公共關係在社會文化的影響性。

大眾傳播媒體的單向「公共傳播」在數位媒體時代，已經轉化為互動性的「公共溝通」情境；公共關係理論與語藝學均面臨理論延伸與轉化的需要。尤其公共關係發展進程中，曾以宣傳（propaganda）為職志；而語藝等同於說服，言說者也可挾真理體系，以一言堂擅權專政。公共關係理論與語藝學，兩者如同系出同門的姊妹（或兄弟）一般，雖然人格獨立卻也同時承受著詛咒（或是期待），需小心檢視這一把雙面刃，或隨之而來的禍福與共。因此，如何以學門領域的化界，強化理論的意涵，或進一步通透語藝與公共關係理論的融合所開創的新意，共創傳播淑世的理想。

第一節　公共關係理論與語藝理論之起源與發展

一、公共關係理論演進與學派

過去半世紀以來，公共關係與傳播管理學派影響力的擴張，是伴隨著消費主義（consumerism）及自由市場資本主義（free market capitalism）而順勢興起（Ewen, 1996）。也因此，公共關係研究從管理性質的領域，轉移並潛伏在商業推廣文化之中而成為常態（Fawkes, 2018, p.160），但這並非是公關管理學派所樂見的。

　　孫秀蕙（2016，頁9-12）定義公共關係為「協助個人或（營利或是非營利）組織，透過多樣且公開的溝通管道與溝通策略，與不同的公眾建立良好的關係」。孫秀蕙強調公共關係中四項組成概念：溝通、管理、社會責任與善意的關係等，同時仍含括個人公關。孫秀蕙（2016，頁224）敘述網路公關是「個人或組織利用網路功能和公眾進行互動，以建立良好的關係；這些網路功能可以『拉』近企業與公眾的距離，或是將公眾『推』進企業的推廣內容」，提示了公共關係同時兼具了關係與行銷兩個面向的任務。

　　黃懿慧（2010，頁186，頁190）定義公共關係時則強調「關係管理」的重要性，提出公共關係是「組織與其相關公眾間的溝通、傳播與關係管理之功能」，側重了組織、公眾、傳播與關係等四項元素。黃懿慧（2010，頁186）也將「網路公共關係」定義為「透過網際網路，管理組織與其公眾間傳播、溝通與關係之功能及作業」。

　　黃懿慧（1999）曾統整相關研究，提出現代公共關係研究中三項主要的理論學派，包括：第一、管理學派（即系統論學派），此學派在70年代中期至80年代初期主導了公關學術研究，並以J. Grunig與L. Grunig為學派代表。第二、語藝／批判學派，是以Elizabeth Toth與Robert Heath為代表，此學派在80年代末期興起，並成為公關學術領域受到關注的競爭典範，除以語藝探詢（inqiry）外，也透過權力、女性主義等觀點挑戰現狀。第三、整合行銷傳播學派，是90年代由西北大學所帶動的研究典範。黃懿慧（2001）提及臧國仁與鍾蔚文（1997）以框架理論探索「新聞媒體與消息來源互動」，對於公共關係學門而言也成為具有競爭性的研究典範，因其揭示新聞產業與公關運作的關聯。

　　Fawkes（2018, pp.161-4）則從研究文獻中統整出四項公共關係理論發展脈絡：第一、優越理論（Excellence）：根植於系統論，強調以平等互惠為出發點的「雙向對等」溝通是優越公關（excellent public relations）的條件[1]。第二、倡議（advocacy）：在Fawkes的概念中，宣傳說服資訊也會在民主言論場域中競逐與論辯，而這便與語藝的立論有絕對的關聯（Heath, 2001; Toth & Heath, 1992）。第三、對話（dialogue）：以公眾立場爲主的關係管理（relationship management），強調對話傳播的重要性（Ledingham & Bruning, 2001; Leitch & Neilson, 2001），此觀點也受到Grunig（2001）的認同。第四、批判與文化取徑：批判理論則揭示了宣傳模式如何透過媒體達成政治與商業的操控（Herman & Chomsky, 1988）。

二、語藝學理論內涵及學派

林靜伶（2004，頁167-8）陳述語藝學（rhetoric）源起於古希臘時代，因應人民參與公共事務的需要，所發展出具有意識性及系統性的「溝通知識與傳播教育」。語藝學教育是包含思辨與表達兩個層面：在《Rhetorica Ad Herennium》（90 B. C.）一書提出語藝五大要素，包括創作（invention）、組織（arrangement）、風格（style）、記憶（memory）、演述（delivery）等（林靜伶，2004，頁167-8）。語藝學曾因言說受到當權監控與壓抑之時，陷入言說技巧與詭辯之泥沼。而根據George Kennedy指出西方語藝學發展成爲三大脈絡：第一、技巧脈絡（technical strand）；第二、哲學脈絡（philosophical strand）；第三、智辨士脈絡（sophistic strand）（轉引自林靜伶，2004，頁166）。林靜伶（2004，頁179）亦將語藝學對於當代傳播學發展的影響性，歸納爲三種傳播語藝學研

---

[1] 如Grunig與Hunt（1984）描述公共關係的歷史性進展，是從宣傳（propaganda）或新聞代理的公告（publicity），再走向公共資訊的角色（public information），而前兩項都是單向溝通，公共資訊仍不忘說服。其次是雙向不對等，以雙向溝通爲名義卻遂行說服目的；最後才邁向雙向溝通（two-way dialogue）典範型理論。

究取徑：第一、語藝為傳播知識提供哲學基礎的「語藝哲學脈絡」；第二、以語藝理論作為傳播次領域相關理論概念的源頭；第三、「語藝分析與語藝批判」，則作為傳播次領域語藝分析與批評的工具。

其中第三項「語藝分析與語藝批判」，可說是一項後設研究的取徑。其緣起於1950至1960年期間美國「新語藝」（New Rhetoric）學派，以肯尼斯・柏克（Kenneth Burke）為首，又稱為「新批判主義」（New Criticism）（常昌富，1998，頁15；林靜伶，2000，頁64；King, 2006, p.367）。「新語藝」主張將文本置於豐富的歷史與政治脈絡之下，以便能穿透社會現象、文化變遷、世界觀、價值觀、論述動機等多元化議題，同時彰顯了語藝具有符號行動的本質，暗示言說者有能夠改變社會的潛力（林靜伶，2000，頁10-11，頁13；常昌富，1998，頁19）。

尤其當語藝學與馬克思主義批判思潮的匯聚，激盪出繽紛多彩的新語藝批判主義，於是語藝學家透過語藝批判更積極介入社會現象，並善用象徵性符號的行動參與社會改革（費翠，2012，頁184-6）。語藝批評理論家如理查（I. A. Richard）等人發展的比喻批評（metaphoric criticism）、肯尼士・柏克（Kenneth Burke）的戲劇理論（dramatism）與五因分析（pentadic analysis）、瓦特・費雪（Walter Fisher）的敘事批評（narrative criticism）、厄尼斯特・褒曼（Ernest Bormann）的幻想主題批評（fantasy theme criticism）（林靜伶，2000，頁46-9；頁64-5；頁79-82；頁95-100）。

語藝學如同西方文化古典智慧的瑰寶，也在二十世紀重新找回理論開創的新意。多元思想文化挹注了語藝學內涵，語藝學結合時代的精神並再獲新生，而其中關鍵的思辨是「語藝如何可能？」（How is rhetoric possible?）（Gaonkar, 1999）。直到80年代末期，公共關係與語藝被連結了起來，Heath與Ihlen認為這與公共關係的宣傳意圖也具有語藝智辨理性的本質有關，如宗教信仰、政治治理均可扭曲人類本質或是操弄政治（Heath & Ihlen, 2018, pp.5-6）。關於誤用的辯

證，語藝已經有上千年的應對經驗，足以為公共關係學門把脈，並可
藉由語藝千古之覆誦來探詢今日之公共關係，透過公共關係語藝來定
錨——公共關係將如何可能？

第二節　公關語藝理論的交會

　　Ihlen（2010, p.62）曾說公共關係的先驅者Edward L. Bernays在
1952年可能是第一位提及語藝正與公共關係產生交會但卻尚未實質
去探索語藝角色。直到Robert L. Heath（1980）發表了一篇文章，
才奠定後續語藝與公共關係研究的基石。Heath提議語藝應視為組織
與環境關係的本質，因為語藝可以實踐公共關係的倫理應用：「優
質組織，溝通完善」（The good organization, communicating well）
（Heath, 2001, p.39）。而本研究初步提出公共關係語藝把關下的討
論議題如下：

一、有品質的說服

　　公共關係是說服的藝術，也是一種語藝。秦琍琍（2000）統整
文獻提出以語藝觀點（rhetorical perspective）研究企業論述時，除
有助於探討組織文化、傳播結構、內外部環境與傳播策略等面向，並
得以深化對於企業論述的理解，是以後設研究的取徑，來檢視企業公
共關係對內或是對外論述文化的品質與評估方向。

　　Stoica同意語藝就是去理解公共關係如何進行說服時最好的途
徑，因為當公共關係被視為一項論述性的活動時，語藝足以確保論述
品質。什麼是「有品質的論述」呢？Stoica認為「有品質的論述」就
是足夠的論述（Stoica, 2019, p.71, p.73），那麼如何透過語藝概念

達成公共關係中「有品質的論述」呢？

　　Stoica（2019, pp.73-4）建議以亞里斯多得古典語藝說服三大基石，並再加上Chaïm Perelman將語藝詮釋爲論證（argumentation）概念之下，即是Stoica所認同之論述品質的保障，包括：第一、精神（Ethos）：仰賴論述者的品質，建構出組織形象論述。第二、情感（Pathos）：是否能有充分的理由去認同言說者，也就是公眾的回應。第三、目標（Logos）：論證性論述自身的結構，是否形成充足的故事內容（或論證），讓閱聽眾產生認同。Stoica特別強調充足性是傳播的主要原則，以至於選字遣詞或是編排順序都不能取代論證的充足性（Stoica, 2019, p.84），足以作爲公共關係語藝論述品質管理上的參考。

二、倫理跨界人

　　如前述Fawkes（2018, pp.161-4）提出四項公共關係理論發展脈絡：優越理論（Excellence）、倡議（advocacy）、對話（dialogue）與批判與文化取徑。在數位時代中，若思考言說者與公眾之間角色的轉換與易位，便不能忽視公眾化身爲言說者時所展現的自主性與能動性（費翠，2012，頁201）。

　　公關人員扮演組織「跨界人」（boundary spanner）角色，是服務於組織的周圍或邊界，並負責對外代表組織面對公眾，而應對組織內部時，則傳達外在環境的偵測意見（黃懿慧，2012），以達成「拓展邊界」（boundary-spanning）爲目標（Grunig轉引自孫秀蕙，2016，頁253）。Fawkes認爲跨界人位於傳播的系統理論中心，主要操作是在組織內部與外部的關鍵公眾的興趣之間進行協商（Fawkes, 2018, p.161）。故得知跨界人的角色受到「優越理論」的期待，避免說服、遑論宣傳，並強調「拓展」的彈性或是「協商性」，可以說是具有「倫理特性」的跨界人角色。相反的，若是政治

組織跨界人，則稱為政治公關顧問（政治化妝師）（spin doctors）（Stoica, 2019, p.85），則被暗示的是政治公關顧問邊界的固著與不具彈性。

　　倫理性的跨界人的期許，也可以從Heath結合了語藝理論的公共關係意涵得到線索。Heath說公共關係是「一種管理的功能，讓組織以語藝性適應人們的興趣，並與人們透過共創意義與共治文化以達成互利的關係，因而產生對組織的興趣」（Heath, 2001, p.36）。因此，語藝得以幫助組織關注於與組織不同的詮釋和意義上，這差異是實質存在於組織與其關係利益人之間的認知落差。此時，Fawkes（2018, p.161）所提出的倫理跨界人（the ethical boundary spanner）便可以完成Heath所述說的組織與其關係利益人透過意義共創或是整合的目的或是銜接與補強組織論述與社會論述之間所可能出現的落差（Heath, 2011）。

　　倫理跨界人的角色有助於貫徹企業社會責任（Fawkes, 2018, p.161），也可以增益Parkinson（2001）所暗示美國公共關係協會（PRSA）受到優越模式的影響，強調對稱性並避免說服的守則之外，而對於公關人員有不同的期許，而除思考說服論述的品質之外，並以倫理為理念，解放了從事說服的跨界人員。

🌳 三、倡議：喧囂卻多元的論述競逐

　　另一項語藝觀點同樣解放了優越理論中被妖魔化的「說服」，是Fawkes（2018, p.161）所提醒的倡議（advocacy）。倡議百分之百是來自語藝理論脈絡（Heath, 2001; Toth & Heath, 1992）。Heath（2007）即說明倫理性的倡議，是強調平等地進入結構體系，並給予自由論辯的平台。倡議平等開放給多元化、多聲道、四面八方的論述相互競逐，因而與亞里斯多德的倫理觀念和民主概念強烈的連結（Fawkes, 2018, p.162）。

公共關係所面對的公眾（public）是異質而混雜的，有別於同質且具有共同性的大眾（mass），其中最受到關注的是具有「集體行動」與「行動性公眾」（activist）（Grunig & Hunt, 1984）。而這些集體即具有行動力特質的公眾，便是語藝民主最重要的期待，也是具有反思能力、思想立場，並能夠自主地參與論述競逐的倡議者。因此無論是什麼樣的「說服」意圖或是其他論述，倡議允諾的是語藝民主論辯最佳實踐。

Baker與Martinson（2002）曾提出倫理性倡議五項原則，稱之為TARES測試，包含真理性Truthfulness（of the message）、真實性Authenticity（of the persuader）、尊重Respect（for the persuadee）、平等Equity（of the persuasive appeal）、社會責任Social Resposibility（for the common good）等，均合乎亞里士多德道德倫理。或許是因為優越理論中對稱傳播的標準過高，實務上執行不易，故優越理論的重要學者Grunig（1996; 2001）在回應批評時[2]，也同意不是所有的倫理對話都必須是對稱的，更認可民主過程中，倡議的論辯價值（Fawkes, 2018, p.162）。

第三節　數位媒體時代公關語藝之應用與實踐

Ihlen（2010, p.62）曾區分當代的公關言說者（rhetor）與傳統言說者之間具有四項差異，第一是當代公關言說者大都代表組織，並

---

[2] 轉引自Fawkes（2018, p.162）及孫秀蕙（2016, p.209）：1990年代中旬批評優越理論的假設與限制性學者，包括Heath, 1992; Leichty & Springston, 1993；孫秀蕙，1995；Grunig & Grunig, 1996；Davis, 2016；Piezcka and L'Etang, 2001；Holtzhausen, 2012；Pfau and Wen, 2006；Moloney, 2006等。

與組織關係不可分割，所以個人是組織代言人；第二是當代公關言說者是透過社群媒體或是大眾傳播媒體傳播，故語藝素材爲公共紀錄；第三是當代公關言說者通常接觸媒體介面後的閱聽眾，而不是親身接觸，大眾媒體觀眾彼此間價值觀與組織認同差異大；第四則是當代的公關言說者有機會成爲組織的策動者。無論是在臺前或是臺後，均可能與臺下觀眾共鳴而改變（Ihlen, 2010, p.62）。

🌱 一、數位公關語藝的媒體情境

（一）企業自有媒體（own media）[3]時代

孫秀蕙（2016，頁191-2）強調網路使用者既是資訊的傳播者、提供者，也是使用者。當公眾參與了資訊生產，代表著網路溝通與資訊生產去中心化，傳統媒體權力關係崩解，孫秀蕙形容那是一種話語權力的反轉（孫秀蕙，2016，頁210）。當話語權力不再集中後，自然消解了傳統媒體權力的專制與壟斷，因此，傳統新聞媒體對於公關人員而言的「不可控制性」立場已經動搖，但也非走向不同於廣告媒體付費式的「可控制性」，而是走向組織或是公眾個人透過自建網站或是在社群媒體等自有媒體（own media）遍地開花的應用現象。

2009年出現的「自有媒體」一詞，可以描述企業在網路時代成立網站、社群媒體的粉絲專頁作爲傳播工具，代表企業擁有媒體的時代來臨。黃懿慧（2012，頁187-8）從網路媒體傳播的研究文獻中統整成十項主要特質，包括即時性（real time）、非同步性（異步性，asynchrony）、全球化、資訊空間無限、資料庫、多媒體（multime-

---

3 首先將數位媒體分成paid、owned、earned的人據信是Daniel Goodall，時任Nokia的行銷企劃，在2009年5月便以OBE的方式重新制定了數位媒體的關係圖。轉引自賴治怡（2011），〈買不到，只能用創意去賺的媒體〉，小魚廣告網，網址：http://www.kleinerfisch.com/blog/2011/05/earned_media/。搜尋時間：2021/04/08

dia）、超文本（hypertext）、互動性（interactivity）、個人化、分眾化等功能，使得網路媒體成為結合新聞、資訊、教育、娛樂、通訊等全方位的超級媒體，也成就了企業等同於媒體，尤其是超級媒體的現象。

鄭怡卉（2021）針對國內公共關係專業人員的調查中顯示，公關工作實務上最常使用的社群媒體是臉書（93.4%）上官方粉絲團的建置，其次是與部落客合作（73.6%），也參與網路公共論壇合作活動（69.6%），以及使用行動通訊軟體（54.7%），是透過手機通訊軟體Line平台設立官方帳號等，故社群媒體在公共關係的使用已經相當普及。

（二）網路公民社會成形有助於雙向對話（dialogue）

正因全球化的社群媒體已然成為網路社會中最重要的媒體形式，因此當沈錦慧（2007）以「電子語藝」（electronic rhetoric）形容電子媒體論述符號時，清楚的指稱電子語藝情境中兩項關鍵指標就是「社群」與「公民」，並樂觀的期待自主活耀的社群中，網路對話能發揮的符號行動指向值得期待。這也可呼應Taylor（2010）曾就以美國為主的公共關係學術界「正在改變」的概念——就是從支持組織性目標的功能主義者取徑，轉變到共創性理論，那是由包括語藝、關係管理與對話理論所描述的取向，透過言說者與聽眾兩種角色的直接互動與角色融合，這一項透過對話所共同創造的意念，其中的中心觀念即是指公眾的能動性（agency），共同推動一件事物的達成。

而網路是否具有公共領域的條件呢？洪貞玲與劉昌德（2004）以公共領域基本精神——普世及平等參與，來檢視網路媒體實踐公共領域的可能性，網路確實具有促成全球公民社會成形的潛力，當然也同樣促進國家疆界層級、地方社區層級的公民社會成形的可能，也包括面對面等接觸形式，彼此相互重疊、互相連結，以建立多層級的社群關係（Smith & Smythe, 2001）。但是現階段卻因為「全球數

位落差」、「網路世界的碎裂化」、「商業化」及「英語霸權」等問題，減弱了全球網路公共領域實踐成效（洪貞玲與劉昌德，2004，頁353）。

同樣的，在國家疆界內網路公共領域，也同樣面臨上述數位落差、碎裂化所導致「群體極化」（group polarization），以及嚴峻的商業滲入等挑戰。但是網路社群媒體所激發公民社會的潛力仍值得期待。如媒體資源不足的非營利組織社群，在公共議題上便可以透過社群串連與合作或是小蝦米對抗資本家壟斷時，透過社群集結消費者伸張權益等行動。網路公民能展現公共領域中雙向、平等、多元化溝通的實力，並醞積與霸權體制對抗的潛能。只是當網路公民進行民主對話時，個人的自由擴張後，倫理議題也浮上檯面，成為公關語藝的爭議地帶。

🌳 二、企業社群粉絲人手一支麥克風：語藝民主與倫理的平衡

企業組織透過網路社群邀請消費者參與網路社群，免除傳統媒體守門人的過濾，主動創造與消費者的平等對話的機會，達成共享資訊、共創意義的空間，如此一來，企業組織除了實踐語藝公民權，也同時彰顯了社群倫理（Heath & Ihlen, 2018, p.20）。因為「對話」是最倫理的傳播，所謂真金不怕火煉，「對話」可以區分真理與錯誤，也是當代公共關係理論的關鍵（Day et al., 2001; Grunig, 2001; Kent & Taylor, 2002, p.22）。

鄭怡卉（2021，頁193）比較過去大眾傳播媒體與社群媒體時代時發現，因網路資訊快速流通，再加上使用者匿名的特性，使得公關實務人員在網路社群時代面臨了更嚴峻的倫理議題的挑戰，例如「資訊真實、資訊揭露、負面言論、隱私權」等議題。鄭怡卉建議公關從業人員應以「專業倫理意識、思辨判斷能力，以及強化個人與組織實踐道德的勇氣」來因應變局。

Bowen（2013, p.126）在研究社群公關實務時，則條列出社群媒體公關倫理規範，包括公平與謹慎（be fair and prudent）、不欺瞞（avoid deception）、維持尊嚴與尊重（maintain dignity and respect）、將心比心（is it reversible）、透明（be transparent）、告知身分（clearly identify）、註明資料出處與來源（verify sources and data）、建立責任（establish responsibility）與檢驗動機（examine intention）等社群公關倫理公約，不但用以約束公共關係人員，同時對所有網路使用者都一併適用，便可以維持社群語藝空間的開放與友善。

企業網路自媒體所迎接的是言論的百家齊放，但在社群媒體全球化的影響下，社群媒體卻又集中在少數社群媒體企業，而造就全球性社群媒體帝國壟斷，則是另外的議題。故網路媒體的使用者固然掙脫了傳統「中心化」的權力關係，卻也可能擁抱了社群媒體演算法（algorithm）所揭露網路使用者個資與網路使用的足跡，社群行銷科技成為威脅個人隱私的隱憂。故企業勢必面對及妥善因應網路社群語藝擴張後所面臨的諸多挑戰，尤其是面對媒體「房東」──社群媒體帝國之間對於顧客資料或是近年的言論審查議題，均需要謹慎以對，以免為德不卒。

🌳 三、公關語藝所進行社會文化性批判

Fawkes認為公共關係的批判，不僅只有職業操作層次，或是過分依賴與社會價值有關的物質主義或是道義取徑，因為這只是公共關係倫理最顯而易見者，應以哲學性或是批判性倫理的取徑切入，如與女性主義、後現代、後殖民等取徑連結（Fawkes, 2015, 2018）。當公共關係持續產出具有展演性的精緻論述時，語藝分析的途徑可作為其後設研究的不二人選（Stoica, 2019, p.71）。例如從社會文化批判角度探索公關語藝論述的歷史與情境（Watson & Palgrave, 2015）、

資本主義議題（Cronin, 2018）、性別議題（Daymon & Demetrious, 2016; Daymon & Surma, 2012; Fich, 2016）與種族議題（Edwards, 2010），以及公共關係作為「文化的流通機制」的再現議題（Edwards, 2018, p.46）等。

Curtin與Gaither（2007）運用了Du Gay's（1997）的文化迴路（Circuit of Culture）研究公共關係時，陳述迴路當中有關於生產、法規、消費、再現與認同上均呈現了不均衡，而與上文所述的優越理論的期待有極大的悖離。公共關係產生假事件與錯誤的論述在研究資料中斑斑可考。

當代「推廣的文化」（Promotional Culture）現象中[4]，消費主義下商品激烈的銷售競爭，形成推廣機制產業化，讓強勢的行銷與廣告「侵門踏戶」地遮蓋與牽引公共關係的處境（Fawkes, 2018, p.166）。公共關係與推廣產業的距離性遠近難分。推廣產業下的名人也沉浸在自拍展演，化為公關新聞製造機，取代了許多關於新聞與公共關係的傳統論述（Fairchild, 2007）。而這樣的「自我」推廣文化在網路自媒體的環境中，更加興盛與顯著，而成就具有影響力的素人網紅或是KOL（Key Opinion Leader）世代出現。

Edwards則以公共關係作為「文化的流通機制」（Edwards, 2018, p.46）。她說：「論述流通過程是一項值得的批判研究，挑戰了公共關係作為傳播渠道的再現。」（Edwards, 2018, p.32）所以，Edwards建議以社會—文化「轉向」（socio-cultural "turn"），鼓勵透過公關語藝與論述的形式來研究公共關係，透過被公關語藝建構的族群，呈現出倫理性與非倫理性的關係。Edwards提醒的是，若是將「注意力放在推廣文化上，便可以檢視公共關係如何衍生提示許多……由公共關係角色去建構或是阻礙的倫理問題」（Edwards, 2018, pp.211-212）。

---

[4] 出處見Wernick's（1991）的出版《推廣文化》（*Promotional Culture*）一書。

第四節　結語：公關語藝如何可能？共創意義與符號行動的價值

　　數位傳播翻轉了世界的話語權力，今天的企業卻更仰賴公共關係專業委任外包的關係；從企業自我中心，到尋求公共關係專業代理商來協助企業因應環境多元化論述的變局（Fawkes, 2018, p.160）。Addicott曾提及近年來許多記者進入公關專業領域之中（Addicott, 2018），因而提高了對新聞媒體的掌握與影響。所以在這新聞媒體飢渴的時代中，新聞媒體仰賴公關稿作為資訊來源（Greenslade, 2016），於是新聞廣告化或是新聞公關化的現象無所不在，也產生資訊真實性與資訊未完整揭露的爭議，而這涉及公關語藝本質的倫理，尤其是否該保留（隱匿）對客戶不利的資訊的論辯（Fawkes, 2018），各執一詞。公關語藝跨界了新聞的領域，成為具有倫理性的挑戰之一。

　　1990年代興起的整合行銷策略，透過整合多元推廣工具，使得公關「行銷化」或新聞「廣告化」。但是孫秀蕙（2016，頁11-12）提醒廣告與公共關係兩者間目標迥異。廣告終究是為了銷售商品，而公共關係則有「增進組織與公眾間的瞭解並建立雙方互惠的友好關係」；同時引用Grunig強烈反對將公共關係視為行銷工具的觀點，因為以「消費者」為溝通的角色來取代組織的「公眾」立場，將失去「促進瞭解、培養共識，與不同的公眾建立良善的關係」（Grunig & Grunig, 1991；孫秀蕙，2016，頁12）。當廣告與行銷也逾越了公關的領域時，則成為另一項倫理性的議題。

　　自從1980年代開始，Heath便從公共關係與語藝學文獻中發掘兩者在倫理與意義本質上的相互關聯性（Heath & Ihlen, 2018, p.11）。

Heath（1992）強調語藝可以視為組織與環境之間實質的關係，並重新用引用Quintilian的話語指出語藝造就「優質組織，溝通完善」（The good organization, communicating well）（Heath, 2001, p.39; Ihlen, 2010, p.64），也幫助社會成就「更完善的全面運作」（Heath, 2006, p.94）。企業語藝可以成就與社會相輔相成的合作關係。

企業組織透過語藝分析偵測社會環境，以回應輿論的提問；另一方面，企業組織可以透過語藝，遊說關係利益人並建立關係，也牽引社會環境與輿論風向（秦琍琍，2000，頁30）。Heath、Waymer與Palenchar（2013）則指出，公共關係可以成為組織關係的「民主管家」。關鍵在於組織是否能打開溝通管道、共享意義，並能引導個人、團體與社會行動的想法，甚至培育社群的集體治理與強化社群的選擇（Heath & Ihlen, 2018, p.3; Nichols, 1963）。

Heath與Ihlen（2018, p.4）認為「語藝與公共關係共享一個策略性倡議的前提，包括攸關社會全功能運作的道德、美德與規範性價值的論證」。而在網路時代中，公共關係與語藝共同面對的網民或社群輿論的挑戰甚鉅；組織可以是無作為的放牧態度，但也可以精心操弄，或是以承載公關語藝的論述啟發閱聽眾的思考，並提供自主的選擇。公共關係與語藝學有著肩負組織的論述目的，可以朝向積極作為，透過與關係利益人的溝通，增加個人、組織、社會之間的合作機會，也消弭猜忌與檢視唯利思維。

公關語藝面臨著當代「推廣文化」盛行，過度傾銷的干預與越界，而公關語藝自身也成為威脅新聞產業無法公平獨立運作的幫凶，故進取與退守之間，便是語藝學理論與務實行動世出所受的期待，可以在混亂中點亮智慧。語藝學除提供公共關係具底氣的實務建議，更呈現認識論觀點中鍛鍊理論趨向，無論是朝向「天真的現實理論」或「柏拉圖式絕對真理」的考驗（Ihlen, 2010, p.59），語藝均可以幫助我們意識到知識如何透過傳播而生成，理解知識如何能建構社會真實，語藝也啟發了社會多元又喧囂的聲音，民主語藝帶來社會的活

力，在倫理反思中也能促成社群的團結。

　　公共關係與語藝，在本質上以促進多元聲道的溝通與理解爲己任，並能夠促進社會共同創作意義以產生符號行動（秦琍琍，2000，頁30；Ihlen, 2010, p.59；Heath & Ihlen, 2018, p.2, p.22）。於是透過語藝結合公共關係的倫理反思，啟發個人價值的實踐、促進組織社會責任的完成，也能在共同合作中成就社會更大的良善。

參考文獻

一、中文部分

沈錦惠（2007）。**電子語藝與公共溝通**。臺北市：五南。

林靜伶（2000）。**語藝批評：理論與實踐**。臺北市：五南。

林靜伶（2004）。語藝學：西方發展與在台灣之現況。翁秀琪（編），**台灣傳播學的想像**（上冊），頁165-197。臺北市：巨流。

洪貞玲與劉昌德（2004）。線上全球公共領域？網路的潛能、實踐與限制。**資訊社會研究**，**6**，頁341-364。

常昌富（1998）。導論：二十世紀修辭學概述，常昌富、顧寶桐譯，**當代西方修辭學：演講與話語批評**，頁1-33。北京市：中國社會科學出版社。

孫秀蕙（2016）。**公共關係：理論、策略與研究實例**（新修訂第三版）。新北市：正中書局。

秦琍琍（2000）。企業論述與公共關係——從語藝的觀點出發。**廣告學研究**，**15**，頁27-48。

黃懿慧（1999）。西方公共關係理論學派之探討——90年代理論的競爭與辯論。**廣告學研究**，**12**，頁1-37。

黃懿慧（2001）。90年代台灣公共關係研究之探討——版圖發展、變化與趨勢。**新聞學研究**，**67**，頁51-86。

黃懿慧（2010）。台灣公共關係學與研究的探討。**台灣傳播學的想像**（下冊），翁秀琪主編，頁441-478。臺北市：巨流。

黃懿慧（2012）。網路公共關係：研究圖像與理論模式建構。**傳播與社會學**

刊，**19**，頁181-216。

費翠（2012）。從斧鑿眞理的縱深到尋訪生活的樣態：言說者定義的轉變。
傳播研究與實踐，**2**(2)，頁179-207。

臧國仁與鍾蔚文（1997）。框架概念與公共關係策略──有關運用媒介框架
的探析。**廣告學研究**，**9**，頁99-130。

鄭怡卉（2021）。社群公關倫理的理論與實踐。**傳播研究與實踐**，**11**(1)，頁
177-205。

二、外文部分

Addicott, R. (2018). Are young dreams being dashed? *The Journalist,* May-June,
14-15.

Baker, S. & Martinson, D. L. (2002). Out of the red-light district: Five principles
for ethically proactive public relations. *Public Relations Quarterly*, *47*(3), 15.

Bowen, S. A. (2013) Using classic social media cases to distill ethical guidelines
for Digital engagement. *Journal of Mass Media Ethics: Exploring Questions
of Media Morality*, *28*, 119-133. https://doi.org/10.1080/08900523.2013.7935
23

Cronin, A. M. (2018). *Public relations capitalism: Promotional culture, publics
and commercial democracy*. S. l.: Palgrave Macmillan.

Curtin, P. A. & Gaither, T. K. (2007). *International Public Relations: Negotiating
Culture, Identity and Power*. Thousand Oaks, CA: Sage.

Day, K. D., Dong, Q., & Robins, C. (2001). Public Relations Ethics: An overview
and Discussion of Issues for the 21st Century. In R. L. Heath (Ed.), *The hand-
book of public relations* (pp.403-410). Thousand Oaks, CA: Sage.

Daymon, C. & Demetrious, K. (2016). *Gender and public relations: critical per-
spectives on voice, image and identity*. London: Routledge.

Daymon, C. & Surma, A. (2012). The mutable identities of women in public rela-
tions. *Public Relations Inquiry Public Relations Inquiry*, *1*(2), 177-196.

Du Gay, P., Hall, S., Janes, L., Mackay, H., & Negus, K. (1997). *Doing cultural studies: The story of the Sony Walkman*. London: Sage.

Edwards, L. (2010). 'Race' in public relations. In R. L. Heath (Ed.), *The SAGE Handbook of Public Relations* (pp.205-222). Thousand Oaks, CA: SAGE publications.

Edwards, L. (2018). Framing, rhetoric and culture jamming in public relations. *Public Relations Inquiry, 7*(2), 107-109. doi:10.1177/2046147X18775139

Ewen, S. (1996). *PR! : A social history of spin*. New York: BasicBooks.

Fairchild, C. (2007). Building the Authentic Celebrity: The Idol Phenomenon in the Attention Economy. *Popular Music and Society*, *30*(3), 355-375.

Fawkes, J. (2015). *Public relations ethics and professionalism: The shadow of excellence*. London: Routledge.

Fawkes, J. (2018). The evolution of public relations research-an overview. *Communication & Society*, *31*(4), 159-171.

Fitch, K. (2016). *Professionalizing public relations: History, gender and education*. London: Palgrave Macmillan.

Gaonkar, P. D. (1999). Rhetoric and its Double-Reflections of Rhetorical Turn. In the Human Sciences. In L. J. Lucaites, C. M. Condit & S. Caudill (Eds.), *Comtemporary Rhetorical Theory: A Reader* (pp.195-212). NY: Guilford Press.

Greenslade, R. (2016). Survey finds that PRs outnumber journalists by large margin. *The Guardian*. Retrieved from www.theguardian.com/media/greenslade/2016/jun/10/survey-finds-that-prs-outnumber-journalists-by-large-margin.

Grunig, J. E. & Hunt, T. (1984). *Managing public relations*. New York: CBS College Publishing.

Grunig, J. E. (2001). Two-Way Symmetrical Public Relations: Past, Present and Future. In R. L. Heath (Ed.), *The handbook of public relations* (pp.11-30). Thousands Oaks, CA: Sage.

Grunig, J. E., & Grunig, L. A. (1991). Conceptual differences in public relations and marketing: The case of health-care organizations. *Public relations review*, *17*(3), 257-278.

Grunig, J. E. & Grunig, L. A. (1996, May). Implications of symmetry for a theory of ethics and social responsibility in public relations. In *annual meeting of the International Communication Association, Chicago, IL*.

Herman, E. S. & Chomsky, N. (1988). *Manufacturing consent: The political economy of the mass media*. New York: Pantheon Books.

Heath, R. L. (1980). Corporate advocacy: An application of speech communication perspectives and skills - and more. *Communication Education*, *29*(4), 370-377.

Heath, R. L. (1992). The wrangle in the marketplace: A rhetorical perspective of publicrelations. In E. L. Toth & R. L. Heath (Eds.), *Rhetorical and critical approaches to public relations* (pp.17-36). Hillsdale, NJ: Lawrence Erlbaum.

Heath, R. L. (2001). A rhetorical enactment rationale for public relations: The good organization communicating well. *Handbook of public relations*, 31-50.

Heath, R. L. (2006). Onward into more fog: Thoughts on public relations' research directions. *Journal of Public Relations Research*, *18*(2), 93-114.

Heath, R. L. (2007). Management through advocacy: Reflection rather than domination. In J. E. Grunig, E. L. Toth & L. A. Grunig (Eds.), *The future of excellence in public relations and communications management*. Mahwah, NJ: Lawrence Erlbaum Associates.

Heath, R. L. (2011). External organizational rhetoric: Bridging management and sociopolitical discourse. *Management Communication Quarterly*, *25*(3), 415-435.

Heath, R. L. & Ihlen, Ø. (2018). Public relations and rhetoric: Conflict and concurrence. *Handbook of organizational rhetoric and communication*, 51-66.

Heath, R. L., Waymer, D., & Palenchar, M. J. (2013). Is the universe of democracy, rhetoric, and public relations whole cloth or three separate galaxies?. *Public Relations Review*, *39*(4), 271-279.

Ihlen, Ø. (2010). The Cursed Sisters. *The SAGE Handbook of Public Relations*, 59-70

Kent, M. L. & Taylor, M. (2002). Toward a dialogic theory of public relations. *Public Relations Review*, *14*(28), 21-37.

King, A. (2006). The State of Rhetorical Criticism. *Interdisciplinary Perspectives on Rhetorical Criticism*, 365-368.

Ledingham, J. A. & Bruning, S. D. (2001). *Public relations as relationship management: A relational approach to the study and practice of public relations* (2nd ed.). Mahwah, NJ/London: Lawrence Erlbaum.

Leitch, S. & Nielson, D. (2001). Bringing Publics into Public Relations: New theoretical frameworks for practice. In R. L. Heath (Ed.), *The Handbook of public relations* (pp.127-138). Thousand Oaks, CA: Sage.

Nichols, M. H. (1963). *Rhetoric and criticism*. Louisiana State University Press.

Parkinson, M. (2001). The PRSA Code of Professional Standards and Member Code of Ethics: Why they are neither professional nor ethical. *Public Relations Quarterly, 46*(3), 27-31.

Smith, P. J. & Smythe, E. (2001). Globalization, citizenship and technology. The Multilateral Agreement on Investment meets the internet. *Culture and politics in the information age*, 183-206.

Stoica, D. S. (2019, July). Public Relations: A Rhetoric Approach. In Argumentum: Journal the Seminar of Discursive Logic, *Argumentation Theory & Rhetoric* (Vol. 17, No. 2).

Taylor, M. (2010). Public Relations in the enactment of civil society. In R. L. Heath (Ed.), *The SAGE handbook of public relations* (pp.5-15). Los Angeles: SAGE Publications.

Toth, E. L. & Heath, R. L. (Eds.). (1992). *Rhetorical and critical approaches to public relations*. Routledge.

Watson, T. & Palgrave, M. (2015). *Perspectives on public relations historiography and historical theorization: Other voices*. Basingstoke/New York: Palgrave

Macmillan.

Wernick, A. (1991). *Promotional culture: Advertising, ideology and symbolic expression.* Sage Publications, Inc.

第七章

數位時代廣告語藝理論之延伸與應用

費翠

　　二十一世紀開始，語藝理論重回學術聖殿，並受到人文與社會科學的重視，其中還包括了1990年代初期廣告效果與消費者研究的應用，故無論對於廣告或是語藝這兩項學門而言，均拓展了傳統理論的研究肌理（McQuarrie & Philips, 2008, pp.3-4）。本文爬梳廣告語藝研究之成果，也同時思考如何將廣告語藝傳統的理論脈絡，延伸至數位廣告語藝的研究方向。

第一節　廣告語藝學與廣告創意研究的關係

一、廣告創意的影響性與語藝學

　　廣告是說服的傳播，語藝也是說服，所以，廣告就是語藝化現的形式之一，而廣告語藝學最常見的應用就是探討說服性意義的運作與影響。廣告心理學家也重視廣告的說服功能，但是他們關注於測量消費者認知功能如何處理訊息的過程。然而在廣告說服過程中，閱聽人不會只有一人唱著獨角戲，卻無視廣告產業擅長於精心設計廣告創意與產製訊息技術。因此除了以腦神經科學或是認知心理學揭開消費者認知處理的黑箱運作過程之外，也不能忽略廣告訊息精心產製的過程。於是以語藝取向進行廣告創意訊息的研究，再加上測量消費者反應的揭露，可以對於進一步解釋及說明消費者反應的原因與意義，作為廣告語藝說服效果的測量與驗證。

　　對於廣告創意的關注，反映出實務界廣告訊息的產製百花齊放，而期望透過廣告訊息研究的設計，能縮短實驗室操控的元素與實務創意設計上的落差，廣告創意便能在上市前就透過測量得到前測結果，因此讓實務界的廣告創意發想與決策有了科學化的依據，故廣告語

藝學者有時兼具行銷科學家的身分（McQuarrie & Philips, 2008, p.6; Stathakopoulos, Theodorakis, & Mastoridou, 2008）。

關於廣告文本與影響性的討論，第一是文學批評取向：是以文學批評的方式進行廣告文本的分析與文化性的闡釋。在文學批評取徑中，人文學者是透過文學批評或是符號學系統的研究，用以批判或詮釋廣告文案或是視覺文本的文學意涵（Phillips, 2003）。當文學批評遇見廣告之時，廣告中如何闡述人類文化製成品的文化意義面向，文學批評研究總試圖解釋廣告製作者（或是廣告主）、文化社會、甚至商品本身，如何影響廣告訊息的生成，但文學批評闡述的結果，將廣告或是商品文化置於學術殿堂上，終究無關說服傳播與市場行銷的效益，甚至因批判而傷及廣告製作者、品牌（或是廣告主）形象，故較難引起廣告實務界的共鳴，甚至有迴避的疑慮。

第二是透過消費者研究評估廣告效果。認知心理學家在廣告實驗操弄的情境中，透過腦神經科學或是消費者處理訊息行為的研究，試圖尋找消費者訊息處理的通則。但因專注於消費者認知處理程序，訊息刺激僅簡化為強或弱的區分，故無力發覺或提出改善廣告傳播訊息效力的設計與配置，同時忽略了現實生活情境中廣告的干擾無所不在的事實（McQuarrie & Philips, 2008, p.8, p.14）。因此，廣告創意研究在文學批評、認知心理學之外，結合語藝學的研究途徑，對於實務界而言別具意義。

二、廣告策略框架為前提

廣告產業中廣告訊息雖然有文學、美學的探討層次，但廣告訊息的產製並不是個人的作品，也不是藝術自由創作。廣告創意是由廣告公司的團隊共同參與的過程。同時廣告訊息的發想會受到前端廣告策略「框架」的引導，在嚴謹的廣告計畫方向下，循序發展出文案與視覺表現的結果。廣告計畫發展的過程，包括由廣告主從生產端所提出

的行銷策略或是行銷問題作爲開端，接著才由廣告公司的團隊內部所研究分析，推敲出廣告策略並視爲框架的前提下，進而切出創意主題後才發展爲廣告表現（即指文案書寫與視覺設計）。

其中邱順應（2012，頁6）進行平面廣告的語藝研究時[1]，提醒策略性主題概念影響了創意發想，如同決定了後續廣告視覺與文案的發想與執行。在邱文中，最上層的影響以「預設的框架」稱之，「預設的框架」所指的就是廣告主的需求及產品屬性。另外也不能忽視品牌識別系統（CIS），通常企業在企業精神與品牌個性下，早已設定的品牌標語（Slogan），就是品牌識別系統的一部分，也會是廣告創意執行內化的前提。

廣告公司的企劃與創意團隊便根據「預設的框架」，發展出廣告計畫的策略方針——「主題概念」，即指廣告活動主題（Campaign Theme）或是創意概念（Creative Concept）。所以，後續的創意執行都是演繹這些策略性核心內容。這一個過程是從「問題需求」開始，再進入「創意策略」與「概念設定」；而待到「主題確定」後，便可以敲定「活動標語」（Campaign Slogan），最後才是「文圖實踐」。所以，廣告創意的語藝表現，均是在覆誦與鞏固上述的策略框架（邱順應，2012，頁12-4）。

🌳 三、視覺語藝中「開放意義」的廣告創意（open ads）

廣告內容的發展趨勢上，以視覺主導的廣告已超過語言文案的數量之外，同時也出現越來越多「開放意義」的廣告（open ads）。這是因應視覺媒體世代圖像識讀力高，廣告使用圖片無須語言文案的

---

[1] 在邱順應所著的《廣告修辭新論：從創意策略到文圖實踐》一書中所附的英文書名《Advertising Rhetoric: From Creative Strategy to Performance》，說明邱順應是以修辭作爲Rhetoric翻譯，故與本文所討論語藝學是相同的指涉。

註解，視覺世代也能心領神會（van Gisbergen, Ketelaar, & Beentjes, 2004; Ketelaar, van Gisbergen, & Beentjes, 2008）。

　　這些「開放意義」的廣告常有不同的指稱，如：複合形象廣告（complex image ads）、隱晦廣告（implicit ads）、曖昧廣告（ambiguous ads）與低度編碼廣告（undercoded ads）。這些用語都指向「開放意義」廣告，不再導引消費者指向唯一且特定的詮釋為滿足，而是以消費者自行探尋意義的解讀樂趣作為報償（Ketelaar, van Gisbergen, & Beentjes, 2008, p.114）。

　　其中「開放意義」的廣告，經常運用視覺隱喻（Hornikx & le Pair, 2017），有時甚至省略了產品、省卻語文的定錨，並大膽降低品牌揭示的程度，因此打開了意義解讀的大門，邀請讀者（消費者）參與解讀，卻也可能冒了產生正面與負面各自解讀的風險（Ketelaar, van Gisbergen, & Beentjes, 2014）。另外，「開放意義」廣告的說服與喜好度，除了受到個人所處的國家文化複合程度的影響之外，也需考慮個人經驗的情境複合程度有關（Hornikx & le Pair, 2017）。

第二節　探討廣告中文字、圖像與影音的語藝辭格

　　1990年代，Linda Scott（1994）和McQuarrie與Mick（1996, 1999）不約而同地嘗試將語藝學語文研究的成果，應用在平面廣告影像（advertising image）上。McQuarrie與Mick（1996, 1999）試圖透過「語藝辭格」（rhetoric figure），進行系統化分析廣告影像的資訊與說服訊息的脈絡，提供廣告創意策略隱晦的決策過程參考，故更貼近廣告產業對說服效果的殷切需求。

　　Phillips與McQuarrie（2002）肯定透過語藝辭格相關研究，除有助於詮釋廣告創意的內容，同時也啟發了廣告創意的發展趨勢。而透

過本文的探討，也期待廣告語藝學能跨越媒體類型，探討文字、視覺圖像、影音、數位廣告等創意內容，進一步延展廣告語藝的概念與應用。

✿ 一、文字語藝辭格的類型與表現形式

McQuarrie與Mick（1996, 1999）試圖透過「語藝辭格」，系統化分析廣告影像的資訊與說服訊息。McQuarrie與Mick（1999）認為語藝辭格的效果，可以引發消費者提高「投入程度」以及「處理廣告的程度」。因此當廣告訊息能夠引發消費者投入更多的審思與資訊處理時，甚至願意主動解答廣告中的謎團時，廣告訊息就可能得到較為正向的情感反應。

廣告訊息中除了以平鋪直敘（literal）的方式呈現訊息之外，便是善用說服的語藝辭格進行文字、視覺、聲音等訊息元素的表述，而他們也從研究應證使用語藝辭格的比率越來越高。McQuarrie與Mick（1996, 2003）以廣告語藝與原文之間偏離程度來加以定義及區分語藝辭格，而將語藝辭格區分為「結構比喻」（schemes）與「轉喻」（tropes）兩種辭格；「結構比喻」的意義陳述較為清晰且確定，而「轉喻」的訊息則呈現開放多義性解讀的模糊樣態。

「結構比喻」的規則化資訊，常是過度完整且一目了然，因為它包含了累贅的資訊與指令，教導消費者應該如何解讀。另一方面，「轉喻」的語藝辭格則是不完整且具開放性，因此會產生不同的詮釋方式（McQuarrie & Mick, 1996, 2003）。也因此具有「轉喻」辭格的廣告內容，指的就是開放意義的廣告表現形式（Ketelaar, van Gisbergen, & Beentjes, 2008, p.119）。

「結構比喻」與「轉喻」兩者之間的比較和討論上，「結構比喻」自行發展出規律化的原則，而「轉喻」不但無規律化並追求偏離原文的變化。「結構比喻」的例子，如以節奏（rhyme）、頭韻

（alliteration）、對照（antithesis）等規則性的比喻進行修辭。另外，「轉喻」則是以如誇張（hyperbole）、隱喻（metaphor）、雙關（pun）、諷刺（irony）等，以及透過代替（substitution）、省略（omission）、並置（juxtaposition）、比較（comparison）、相反（opposition）、熔合（fusion）等進行廣告語藝的展現（Huhmann, 2018）。

二、視覺語藝辭格的類型與表現形式

Philips與McQuarrie（2004）有感於語文發展的語藝辭格（verbal rhetorical figures）（e.g. McQuarrie & Mick, 1996）並不完全適用於視覺語藝，卻因此基於語文語藝辭格的基礎，並根據消費者接觸視覺圖像的經驗法則，針對視覺歸納出新的語藝辭格類型（visual rhetorical figure）。

Philips與McQuarrie（2004, p.116）透過兩個象限——「視覺架構」（visual structure）與「意義運作」（meaning operation），組成了九宮格矩陣圖，其中「視覺架構」因複雜性由低到高的程度，提出三項廣告視覺結構實體構圖，包括並置、熔合與替代。另外，「意義運作」的象限，在意義運作的豐富性從低到高分別提出了「連結」（connection）與「比較」（comparison）兩者。而「比較」又可區分為「相似性比較」（similarity comparison）與「相反性比較」（opposition comparison）。故以三乘以三，共同形成九宮格。九項視覺語藝辭格分別為：並置連結、並置相似性比較、並置相反性比較、融合連結、融合相似性比較、融合相反性比較、替代連結、替代相似性比較、替代相反性比較等。

廣告語藝辭格實務上常以「視覺隱喻」（visual metaphor）一言以蔽之，其實所指的大多為「相似性比較」的範疇，以鼓勵消費者在兩物件的類比中產生相似性推論。至於「連結」，則是凸顯物件

現有的一些元素與另一項元素相關的連結意義，如同換喻詞（met-onym）一般，只是在廣告運用上並不如隱喻比較來得常見（Philips, 2003）。

「比較」的意義運作的豐富度優於「連結」，同時意義的豐富性即是一種模稜兩可，因為容許多元（multiplicity）或多義性（poly-semy）的意義解讀空間，但卻與不透明或是混淆的負面效益不相同。其中，「相反性比較」（如諷刺，irony）又比「相似性比較」（如隱喻，metaphor）可以讓消費者獲得更大的意義解讀空間，因為「相反性比較」同時包括了相同與差異的比較，消費者得出的推論甚至超過廣告主預料之外。只是解讀「諷刺」需要「後設再現性推論」（meta-representational reasoning），屬第二輪的推論，因挑戰較高的認知處理能力，故不見得能夠奏效（Colston & Gibbs, 2002; Creasere, 2000; Philips & McQuarrie, 2004, p.120）。

🌳 三、影音廣告語藝分析之探討

影音廣告的元素包括了流動的影像、圖像與文字外，還包括語言、非語言的音效及音樂，使得影音廣告成為多模態的隱喻（multi-modal metaphors）（Forceville, 2008, p.182）。Forceville提示電視影音廣告當中的「非語文隱喻」（nonverbal metaphor）的影響，例如動態影片體例所創造的效益，如鏡頭的蒙太奇效果、鏡頭的角度、鏡頭運動，還有這些技巧的相互作用，均可以在視覺上提升隱喻效果。另外則是廣告影片可以透過故事的鋪陳，利用畫面一幕一幕揭露目標對象與來源的關係；而超越圖片的展示限制，不再總是展現一目了然的空間（Forceville, 2008, pp.182-3）。

Forceville（2008, pp.182-3）基於目標對象（target）與來源（source）如何再現的基礎，曾歸納並發展出四項平面廣告的圖像隱喻的原型，包括混和隱喻（hybrid metaphor）、情境隱喻（contextual metaphor）、圖形直喻（pictorial simile）、整合性隱喻（integrated metaphor）。但Forceville深知影音廣告除了上述平面廣告所具備的視覺、書寫文字元素之外，更可彈性運用其他的傳播載具，即包括口說語言、非語言的聲響及音樂等，便成就影音廣告之多模態的隱喻（multimodal metaphors）。因此，研究結合圖像與多模態隱喻的研究領域，又可稱之爲「視覺語藝」（visual rhetoric）、「視覺識讀」（rhetoric literacy）、「多模態論述」（multimodal discourse）等（Kress & Van Leeuwen, 2001）。

　　Forceville（2008, p.200）曾透過目標對象的類別，將影音廣告區分出三項情境，包括：(1)單一目標對象與廣告產品相符，(2)單一目標對象與廣告產品相反的連結，(3)單一目標對象同時與產品及競爭對手均完全不相關。透過影音廣告與產品連結性的語藝情境分析，經由閱聽眾的解讀，而能提供影音廣告的說服成效。但或許因影音廣告所具有的多模態隱喻特質，提高了影音廣告語藝分析應用上的複雜度。Forceville（2008, p.478）則進一步指向從電影研究延伸出的廣告影片的基本「類型」（genre）歸屬的探討，或可作爲詮釋廣告影片的第一層次表述，並值得未來進一步研析廣告影片類型歸屬，以探索影音廣告語藝研究的走向。

　　另一方面，影音廣告的語藝研究，也可以思索McQuarrie與Phillips（2008）所言，對於語藝應透過探尋形式變化（style）的重要性觀念，應用在影音廣告研究上，並衍生爲在語藝觀點下試圖探索影音廣告運作的形式本質。McQuarrie與Phillips（2008）認爲形式變化對於（影音）廣告運作的本質而言並不亞於內容變化（content）。因此，影音廣告語藝將拓展的是優先決定「如何說」，並視爲與「說什麼」一樣重要，以便於尋找屬於影音廣告語藝的獨特語法。

第三節　數位媒體時代廣告語藝研究

　　自2016年起，臺灣網路總體廣告營收首度超越包括電視媒體廣告營收（有線電視加上無線電視媒體廣告營收）[2]，網路媒體正式成為臺灣最大的廣告媒體。而在臺灣人最常登錄的網站調查報告中[3]，最常造訪的網站雖然排名略有不同，但總有Google（搜尋引擎）、YouTube（串流影音網站）、Facebook（社群平台）等三大網路媒體名列其中，而名列最常接觸的網路媒體的榜單上，也顯現出臺灣人日常網路活動的常態與實際使用需求與滿足。

一、數位媒體環境對於廣告語藝研究的影響

　　Meyrowitz（1999）曾提出媒體觀點的三個比喻，第一、「媒體如同器皿／管道」（medium-as-vessel/conduit），第二、「媒體如語言」（medium-as-language），以及第三、「媒體如環境」（medium-as-environment）。語藝學雖然從來未以無辜的姿態看待傳播或媒體，但在說服研究的領域中，廣告語藝學以語藝辭格作為廣告訊息的分析工具時，當研究者關注的是媒體訊息本身而忽略媒體功能的影響時，就正如同「媒體如器皿」的中立觀點。

　　若是關注廣告文字及圖像中具修飾性表述的語藝分析時，也不能忽略Huhmann（2018）提出不具有修辭意圖（non figurative）或

<hr />

2　《2017臺灣媒體白皮書》，臺北市媒體服務代理商協會（MAA），網址：https://maataipei.org/download/2017媒體白皮書/。搜尋時間：2018/5/20

3　資料來源：2021年1月Similar Web以及Alexa公布之臺灣高上站頻率網站月平均排名，轉引自數位年度報告https://www.breaktime.com.tw/archives/6293。搜尋時間：2021/4/06

是白描式的文字的存在性。但在社會建構觀點下，「媒體如語言」的論點，媒體已具有文化表意的潛能（expressive potential），因此如何透過鏡頭、風格、文字大小及編排的設計，都是媒體「文法」（grammar）的排列組合（Meyrowitz, 1999, pp.46-48）。如廣告符號學研究便是以符號批判的觀點，一一拆解廣告訊息的符碼，梳理社會文化意義建構的歷程。而如同前述McQuarrie與Phillips（2008）探討影音廣告語藝觀點時，提出探尋廣告影音運作的風格（style）的重要性，正好提供數位廣告語藝一項參照，即是探討數位廣告風格，並視為獨特的媒體文法，其獨特語法格式的重要性並不亞於內容變化。

　　至於「媒體如環境」所展現的研究觀點，則是延續麥克魯漢論述的科技社會學及媒體環境學觀點，並深入探討傳播本質形式的影響。故媒體科技形式決定了溝通形態以及溝通內容，這啟發了數位媒體社群獨特的傳播環境的關注（施伯燁，2014），也值得作為未來對於社群媒體廣告形式的探討。

　　另一方面，若探討閱聽眾接收如平面媒體、電視影音媒體、數位媒體等廣告訊息時，不同媒體所處的環境因素（context-specific factors）會分別對閱聽眾訊息處理的過程產生影響（Huhmann, 2008, p.110）。廣告創意語藝研究以說服研究為主，而在傳統大眾媒體時代，累積了為數眾多的廣告訊息文本因素（textual factors），即文字、語法（句子、結構）、訊息長度等語藝辭格研究分析。但是不能忽略的是，閱聽眾接收訊息確實會受到文本例外變數（"extratextual" factors）的影響（Lowrey, 2008, p.161）。在此訊息文本以外的變數，即包括了「媒體環境」因素，如媒體特性，還有「個人差異變數」，如年齡、教育程度、資訊處理能力、動機等變數影響（Lowrey, 2008, p.161）。因為廣告訊息畢竟不是閱聽眾接收媒體的最主要閱讀訊息，因此已經在注意程度或是涉入程度處於劣勢，自然也不能忽視「媒體環境」因素的影響。

　　廣告主最難完全掌控媒體特定情境，但是卻能全然掌握廣告文本的變數，也因此廣告訊息吸引最多的研究資源的投注與關注（Boerman et al., 2011; Pieters et al., 2002; Pieters & Wedel, 2004）。但媒體特性及相關情境，根本上決定了訊息的本質，因此探討數位語藝廣告之理論時，將無法忽略此項議題。

　　另外，媒體特性也會影響閱聽眾接收訊息的主動或被動性。如電視與廣播媒體等，是屬於外控節奏的媒體（externally paced media），因具有稍縱即逝的本質，以及訊息的即時快速傳送，將會擴大了訊息複雜程度，增加接收的難度。至於可以自控節奏的媒體（self-paced media），如報紙與雜誌等平面媒體，閱聽眾則可以自行掌握閱讀速度、甚至反覆閱讀，就有助於降低訊息接收的複雜性（Bettman, 1979; Lowrey, 2008, pp.161-3; Webb, 1979）。

　　換句話說，當人們接收的廣告屬於偏離原文程度較大的語藝辭格──「轉喻」時，是因需要較高的資源需求（higher resource-demand），最適合在可以自控節奏的媒體，如閱讀平面媒體時採用。另外，人們在處理較具規則性的語藝辭格──「結構比喻」的廣告作品時，因不需要太多參考資源即可被理解（lower resource-demand），則適用在外控節奏的媒體，如電視與廣播媒體之上（Huhmann, 2008, p.110; Mothersbaugh, Huhmann, & Franke, 2002）。從傳統媒體環境的經驗，轉向在數位媒體廣告時，因數位廣告訊息的接收情境同時間包括了自控節奏──靜止或藉由重置而接收廣告訊息，以及包括了外控節奏如彈跳式廣告（pop-up advertising）等多模態的論述形式，讓數位廣告媒體環境的情境狀態，將依照整合性且高變異的數位媒體或媒體內容服務本身，因地制宜的調整與應對。

二、數位媒體廣告形式對於語藝研究的挑戰

　　數位廣告媒體已成為廣告產業的主流，但是廣告語藝學者的挑

戰，正是數位媒體科技的進化下所帶來更精緻的廣告目的與效益。數位廣告語藝研究仍有待持續耕耘與進展。

　　數位廣告包含了傳統媒體中所有訊息形式表現，故可以將數位廣告語藝視爲一種發生在數位媒體環境中的「多模態論述」。Newhagen與Rafaeli（1995）強調網路瀏覽情境中，超連結文本性（hypertextuality）特質，以非線性、跳躍式地選擇資訊。此外，使用者與數位媒體之間雙向且即時互動（interactivity）的溝通，更是傳統媒體所無法企及之處。

　　數位廣告常見形式包括：(1)展示型廣告（Display Ads）：一般橫幅廣告（Banner）、文字型廣告（Text-Link）、多媒體廣告（Rich Media）及原生廣告（Native Ads）；(2)社交媒體廣告（Social Ads）：是指社交媒體刊登付費圖文型態廣告（未含影音廣告）；(3)影音廣告（Video Ads）：泛指所有影音形式廣告；(4)關鍵字廣告（Search Ads）：包含付費搜尋行銷廣告（Paid Search），以及內容對比廣告（Content Match）；(5)口碑／內容操作（Buzz/Content Marketing）：包含部落客行銷、廣編特輯、公關話題、公共議題及內容贊助等；(6)其他類型廣告（Others）：包含郵件廣告（EDM）、簡訊（SMS, MMS）等。[4]

　　Lowrey（2008, p.175）提醒網路使用行爲中，是同時包含了自控節奏的媒體特性，如網路搜尋引擎，也包括外控節奏的媒體特性，如間歇性且間隔式出現的彈跳式廣告。另外，網路廣告也會設計不同程度的互動訊息，以邀請網路使用者產生不同程度的回應與參與行爲（Liu & Shrum, 2003）。所以，數位時代網路廣告不只具備「多模態論述」，更具有「超連結」、「互動性」特質。同時，網路廣告與使用者的互動與回應成效也是數位廣告的重要目標之一。Massey與

---

[4] 《2016年臺灣行銷傳播白皮書》，臺北市數位行銷經營協會（DMA），網址：www.dma.org.tw/trend/2。搜尋時間：2018/5/20

Levy（1999）將網路訊息的互動性分為內容互動（content interactivity）與人際互動（interpersonal interactivity）兩個面向，同樣含括在數位廣告訊息的設計意圖中。由此可知，透過網路媒體的顧客資料庫、社群性、互動性，將是左右數位媒體廣告運作成效的關鍵因素。

第四節　結語：數位廣告的趨勢

　　廣告創意的語藝研究關注於廣告創意格式，包括文字、圖像、影音，以及思考數位媒體具整合性的「多模態論述」的修飾性表述的廣告內容，應如何進行廣告語藝分析。但是也不會忽略Huhmann（2018）提出廣告論述中，完全不具有修辭意圖（non figurative）或是僅具白描式語藝訊息的存在，因存在的形式本身便具有意義性。於是廣告訊息在策略框架的前提下，廣告創意產業將同時具有精雕細琢的創意圖文表現，但也有樸素白描的語藝訊息的存在，皆有其意義性。唯有不具修辭意涵的促銷文，因以抵免的價值交換，終究已經遠離語藝說服的起心動念。

　　此外，魏幸玉（2010，頁139）也提醒原具有修辭性的語藝辭格，初次出現時或許能令讀者驚豔，但在經過讀者高度重複接觸訊息或是市場訊息口水氾濫的重製下，隨著媒體刊播一段時間後，創意訊息便會失去溝通吸引力，因此，廣告的創意訊息都具有賞味期限。

　　對於數位媒體廣告而言，除了廣告創意內容包含了多模態的訊息論述之外，媒體接收情境也同時包括了展示型廣告等自控節奏接收廣告訊息，以及外控節奏如彈跳式廣告等接收情境。故值得思考的是數位廣告語藝研究，因其數位媒體「多模態論述」特性，故除尋求傳統語藝辭格類屬之外，也能參照影片類型化或是創意訴求等，或研析數位廣告媒體獨特語法，以探討數位廣告語藝研究的指引。

　　數位廣告媒體科技環境的本質中，強調個人化及社群性，也因此廣告型態已經不再只是「大眾化」、甚至「分眾化」標準化傳播與溝通模式，而是社群中有機性合作創作與社群互動性；尤其是趨向於個人化、直效性的行銷溝通形式。因此，探討數位廣告創意語藝所具有修飾性表述的廣告內容之效益評估時，勢必將面臨其他網路原生推廣工具在實質說服傳播效果上的質疑與挑戰。

　　更重要的是，數位媒體也從「媒體」概念向上發展，除融合了各式推廣工具的組成，包括新聞、廣告、公關、互動行銷、直效行銷、自媒體、品牌粉絲社群專頁，更重要的是數位媒體也是通路，直搗營業的核心——銷售。因此，數位媒體擁有多元行銷工具及多元推廣工具合縱與連橫的效力，故網路整合行銷傳播達成之綜效難以畫界，可說數位媒體是集品牌數位行銷工具之大成。因此，數位媒體給予品牌的直接的銷售服務，已超越了傳統媒體廣告偏重傳播功能的侷限，對於廣告語藝重視說服的傳播功能而言，自是無法忽略之態勢。

　　另一方面是網路社群媒體，會員的註冊即屬於實名制，故社群媒體在與社群媒體的會員溝通時，在合法的情況下可以從容的蒐集社群媒體會員的個資、網路足跡，甚至會員的臉友名單等資訊。社群媒體可以運用行銷科技（Martech）量身打造符合會員需要的廣告訊息，或是社群媒體的廣告主委託社群媒體代為設計廣告創意訴求與操作廣告時，便可能與社群會員「合謀」，以開放的資訊與數位足跡，轉嫁成為廣告主的禁臠。

　　除卻社群媒體之外，網路使用者在不經意或是疏忽下，仍可能因網站或是廣告主合法取得第三方數據（例如網站Cookie）而洩漏數位足跡與個人資料，讓廣告主不費吹灰之力便能提供符合會員的興趣與偏好的訊息，也可以提供會員所欲求的商品或服務，於是數位廣告的發展，是否可能衝擊了廣告語藝傳統以訊息說服作為前提。因為數位廣告得因廣告科技（Adtech）量身打造並投其所好，故傳統媒體廣告語藝，汲汲探求修飾性表述的廣告創意形式的類屬，在數位廣告

媒體時代中將受到挑戰。尤其當企業自媒體或網站，即擁有顧客消費及個人的第一手資料，再加上社群媒體（也是廣告媒體）在全球所擁有的註冊會員如同一個國家，均有助於上述企業或是所有廣告主，高度參與精準化、個人化的廣告訊息投放合作。因此，數位媒體效能對於數位媒體的廣告創意形式所產生的影響，也因應數位消費者的需求與參與性，將會是未來數位廣告語藝研究所關注的課題。

參考文獻

一、中文部分

邱順應（2012）。**廣告修辭新論：從創意策略到文圖實踐**。臺北市：智勝。

施伯燁（2014）。社群媒體：使用者研究之概念、方法與方法論初探。**傳播研究與實踐**，4(2)，頁207-227。

魏幸玉（2010）。**修辭的力量：文字修辭和視覺修辭廣告效果研究**。臺北市：世新大學公共關係暨廣告學研究所（含碩專班）碩士論文。

二、外文部分

Bettman, James R. (1979), *An Information Processing Theory of Consumer Choice*. Reading, MA: Addison Wesley Publishing Company.

Boerman, S. C., Smit, E. G., & van Meurs, L. (2011). Attention battle; the abilities of brand, visual, and text characteristics of the ad to draw \ attention versus the diverting power of the direct magazine context. In *Advances in Advertising Research* (Vol. 2) (pp.295-310). Gabler.

Burke, K. (1950). *A Rhetoric of the Motives*. NY: Prentice-Hall.

Colston, H. L. & Gibbs Jr, R. W. (2002). Are irony and metaphor understood differently?. *Metaphor and Symbol*, *17*(1), 57-80.

Creusere, M. A. (2000). A developmental test of theoretical perspectives on the understanding of verbal irony: Children's recognition of allusion and pragmatic insincerity. *Metaphor and Symbol*, *15*(1-2), 29-45.

Hornikx, J. & le Pair, R. (2017). The Influence of High-/Low-Context Culture on Perceived Ad Complexity and Liking. *Journal of Global Marketing*, *30*(4), 228-237, DOI: 10.1080/08911762.2017.1296985

Huhmann, B. A. (2008). A model of the cognitive and emotional processing of rhetorical works in advertising. In *Go Figure! New Directions in Advertising Rhetoric* (pp.85-113). Routledge.

Huhmann, B. A. (2018). Rhetorical Figures: The Case of Advertising. *The Handbook of Organizational Rhetoric and Communication*, 229-244.

Forceville, C. (2000). Pictorial and Multimodal Metaphor in Commercials. In *Go Figure! New Directions in Advertising Rhetoric* (pp.178-204). Routledge.

Forceville, C. (2008). Metaphor in pictures and multimodal representations. *The Cambridge handbook of metaphor and thought*, 462-482.

Ketelaar, P., Van Gisbergen, M. S., & Beentjes, J. W. (2014). The dark side of openness for consumer response. In *Go Figure! New Directions in Advertising Rhetoric* (pp.120-142). Routledge.

Kress, G. & Van Leeuwen, T. V. (2001). *Multimodal Discourse: The Modes and Media of Contemporary Communication*.

Leigh, J. H. (1994). The use of figures of speech in print ad headlines. *Journal of advertising*, *23*(2), 17-33.

Liu, Y. & Shrum, L. J. (2002). What is interactivity and is it always such a good thing? Implications of definition, person, and situation for the influence of interactivity on advertising effectiveness. *Journal of advertising*, *31*(4), 53-64.

Lowrey, T. M. (2008). The case for a complexity continuum. In *Go Figure! New Directions in Advertising Rhetoric* (pp.159-177). Routledge.

Massey, B. L. & Levy, M. R. (1999). Interactivity, Online Journalism, and English Language Web Newspapers in Asia. *Journalism Mass Communication Quarterly*, *76*(1), 138-151.

McQuarrie, E. F. & Mick, D. G. (1996). Figures of rhetoric in advertising language. *Journal of consumer research*, *22*(4), 424-438.

McQuarrie, E. F. & Mick, D. G. (1999). Visual rhetoric in advertising: Text-interpretive, experimental, and reader-response analyses. *Journal of consumer research*, *26*(1), 37-54.

McQuarrie, E. F. & Mick, D. G. (2003). Visual and verbal rhetorical figures under directed processing versus incidental exposure to advertising. *Journal of consumer research*, *29*(4), 579-587.

McQuarrie, E. F. & Phillips, B. J. (2008). *Go figure! New directions in advertising rhetoric*. ME Sharpe.

Meyrowitz, J. (1999). Understanding of media. *ETC: A Review of General Semantics*, *56*, 44-53.

Mothersbaugh, D. L., Huhmann, B. A., & Franke, G. R. (2002). Combinatory and separative effects of rhetorical figures on consumers' effort and focus in ad processing. *Journal of consumer research*, *28*(4), 589-602.

Newhagen, J. & Rafaeli, S. (1995). Why communication researchers should Study the internet: A dialogue. *Journal of Communication*, *46*(1), 4-13.

Phillips, B. J. (2003). Understanding visual metaphor in advertising. *Persuasive imagery: A consumer response perspective*, 297-310.

Phillips, B. J. & McQuarrie, E. F. (2004). Beyond visual metaphor: A new typology of visual rhetoric in advertising. *Marketing theory*, *4*(1-2), 113-136.

Pieters, R., Warlop, L., & Wedel, M. (2002). Breaking through the clutter: Benefits of advertisement originality and familiarity for brand attention and memory. *Management Science*, *48*(6), 765-781.

Pieters, R. & Wedel, M. (2004). Attention capture and transfer in advertising: Brand, pictorial, and text-size effects. *Journal of Marketing*, *68*(2), 36-50.

Scott, L. M. (1994). Images in advertising: The need for a theory of visual rhetoric. *Journal of consumer research*, *21*(2), 252-273.

Stathakopoulos, V., Theodorakis, I. G., & Mastoridou, E. (2008). Visual and verbal rhetoric in advertising: The case of 'resonance'. *International Journal of Advertising*, *27*(4), 629-658.

Gisbergen, M. S. van., Ketelaar, P. E., & Beentjes, J. (2004). Changes in advertising language? A content analysis of magazine advertisements in 1980 and 2000. In P. Neijens, C. Hess, B, van den Putte, & E. Smit. (Eds.), *Content and Media Factors in Advertising* (pp.22-37). Amsterdam: Spinhuis Publishers.

Webb, P. H. (1979). Consumer initial processing in a difficult media environment. *Journal of Consumer Research*, *6*(3), 225-236.

第八章

電玩遊戲的語藝

李長潔

　　電玩遊戲（video game），涵蓋電腦、電視、遊戲機、手機等電子裝置，爲當代重要的數位內容表現方式之一，遊戲的媒介化取代了玩具、玩伴與遊玩空間，深深地鑲嵌在我們每個人的娛樂生活當中，也調整著我們的童年經驗。本章節將據以此當代特殊的數位文本表現形式，引介由傳播學者、電玩研究者Ian Bogost提出的「過程語藝」（procedural rhetoric），再以「體感遊戲」作爲過程語藝的分析例證，引領讀者運用一套饒富趣味的過程語藝觀點，來理解遊玩數位文本的迷人片刻。

　　所謂過程語藝，大都以互動性文本爲分析對象，尤其指陳電玩遊戲，是指不只以固定文字或視覺的方式進行表達，而是藉由規則與過程的設計與體驗，來達到遊戲文本與模式的建構與體現。這概念由Bogost（2007）在《說服性遊戲：遊戲的表現力》（*Persuasive Games: The Expressive Power of Videogames*）中提出，他將過程語藝定義爲「透過基於規則的表達與互動，而非文字、圖像、動畫來進行的說服藝術」。他認爲，遊戲設計者是一種世界觀的立法者，他們以增加、刪除、操縱規則來傳達意識形態（Bogost, 2008a）。在對遊戲電玩的語藝學分析中，可以見到一種新的語藝理論的出現，其特色是「運算」（computational）成爲文類的基礎，而建構於程式運算上的「模擬」（simulations）則展現了敘事某些無法表達的部分（Harper, 2011），玩家在遊戲的虛擬空間裡，透過奠基於規則的遊玩（paly），創造足以讓玩家進行各種程度探索的「可能性空間」（possibility spaces）。

　　本章節將討論電玩的遊玩就是一種複雜的社會行動，並在介紹與釐清「過程語藝」、「可能性空間」的相關概念後，進入對「體感遊戲」的例證分析。我們將可以見到，遊戲文本透過規則性的電玩空間建構，讓玩家在過程中得到遊玩樂趣；從過程語藝的角度來看，玩家並不只是單純地遊玩，而是參與了遊戲觀點的表達，而這正也是數位時代中語藝學的關鍵視野。

第一節　理解電玩

　　一般電玩史家把1972年Bushnell Nolen所創的《乒乓》（Pong）視為電玩的開始。在1970年代，當Bushnell所創的《乒乓》變成家庭用語時，一個「電玩世代」隨即開始。從相當粗糙簡單、單色數位格圖的手上機，如《大金剛》（ドンキーコング）等，到80年代中期的紅白機任天堂主機，通過Sega Saturn、PlayStation等家庭遊戲主機的問世，跨入電子遊戲輝煌時期的各種次世代主機Xbox 360、PlayStation III、Wii，直到在新冠疫情期間爆紅的任天堂遊戲機Switch，更不用說各種隨時可以遊玩的手機遊戲（mobile game）。電玩的多樣形態滲入我們的日常生活娛樂，形成了一種電玩遊戲文化（game culture），並在硬體不斷提升的科技條件下，電玩類型（genre）也繼續推陳出新。

　　這個刺激隨著數位科技進步被持續革新，從公共場所的街機（arcade game）到強調家庭和樂的電視遊戲機（TV game），從單純的「刺激與反應」操作規則到高度自由化的多元文本，更到今日更加互聯、沉浸、虛擬實境式的電子遊戲遊玩，電玩遊戲幾乎是跟著人類的數位技術史一同前進。因此，電玩絕對是理解數位社會的重要環節。

　　2008年出版的《理解電玩》（*Understanding video games: The essential introduction*）一書清晰地釐清，當代電玩研究已訣別單純移植電影美學、電影敘事、電視閱聽眾等傳統媒介研究的理論觀點，進而以「新媒體」的視野來思考電玩在當代社會中的特殊地位（Egenfeldt-Nielsen, Smith, & Tosca, 2013）。理解電玩，需要考量到電玩多元、複雜、動態的文本特性，電玩不斷地鍛鍊玩家同時進行

「審美判斷」與「問題解決」，更導致一個創新、複雜、精緻的大眾文化的產生（柯舜智，2010）。

對於電玩遊戲，我們在基礎上可以試著從三個面向對其進行理解，包含文本形式、玩家遊玩體驗及其社會文化架構（如圖8-1），下面分別簡述：

圖8-1　電玩遊戲的理解三面向（筆者整理）

一、電玩作為一種新興文本

電玩遊戲的娛樂性與商業性，以及遊戲內容所呈現的暴力，它在大眾的觀點之中，無法與古典音樂、視覺藝術等列為同等級之高級藝術，而被視為敗壞人心的娛樂資訊科技產品。但是由轉向後的後現代藝術看來，電玩逃離了古典美學的審視，從通俗文化的Low Art引出了新的藝術文本形態。2001年7月，舊金山當代美術館媒體藝術協會（The San Francisco Museum of Modern Art Council, SMAC）舉辦了一場為期三天的研討會與展覽，會議名稱是「ArtCade：探索電玩與藝術的關係」（ArtCade: Exploring the Relationship Between Video Games and Art）[1]，首次討論將電玩視為一種新的科技形式的

---

[1] 從這裡可以看出ArtCade命名，其語意與Arcade電子遊樂場相關。參閱網路

藝術文本，該會議邀請來藝術評論者與遊戲創造者，共同討論電玩新文本美學。會議中談到，透過電玩，新的思想產生，敘事與表現的新形式誕生，也因此新的媒體溝通浮現，形成主宰強勢的文化原型。

如同上述的當代藝術對電玩的收納，Andrew Darley（2002）在《視覺數位文化》中對電玩重新提出詮釋，他從傳統文學理論中的寫實主義（realism）以及通過超寫實主義（surrealism），對照出當代電玩文本中的「擬像」（simulation）與「互動」（interaction）特質。也就是說，電玩有其新的文本形式，乃是圍繞著擬像與互動，並產生了某種藝術性的特質，例如敘述性與超文本（narrative and hypertext）、虛擬實境（virtual reality）、虛擬存在（virtual existence）等等，這些皆是電玩遊戲科技形式的文本特色。

✤ 二、電玩作為一種遊玩體驗

除了文本形式的討論，電玩如何被大眾所遊玩，亦是十分值得探究的問題。文化研究學者John Fiske（1989）在《閱讀大眾文化》中，進行了早期電玩遊樂場及其玩家的文化分析。Fiske藉由政治經濟學切入電玩遊樂場，解釋了玩家與電玩所建立起來的社會意義，「逆轉」（inversion）了資本主義所制定出來的「人—機器」之生產關係，玩家「使用」機器並不是為了生產賺取利潤的商品，而是為了生產「愉悅」，抵抗支配階級所設計出來的控制體系，並從這個逆轉與抵抗中得出玩家的「主體性」。

隨後，Fiske（1989）從政治經濟學符號過程分析，轉向一種較傳統的文本符號學。若以電視作為與電玩雷同的文本，雖然那些象徵性的敘事在螢幕上上演著，但觀看者—螢幕的關係卻也逆轉了，操控

資料：https://www.wired.com/2001/07/once-it-was-atari-now-its-art/（查詢於2021年4月16日）

「搖桿」（gamepad）便是這場逆轉的核心。首先，儘管電玩的敘事架構早已決定，但玩家們依然可以在遊戲過程中相對自由地施展，加以對遊戲產生符號性的控制。此時，遊戲中的敘事權威的缺乏，使得作者（遊戲設計者）撤離了，玩家成為電玩中的主導者。這種自我脫離社會關係與意識形態控制所產生的「短暫的主體性崩潰式愉悅」，乃在於「能指」（singifier）與「身體」（body）全然結合時的「忘我」（losing oneself）與「狂歡」（carnival）。用法國哲學家Gilles Deleuze的用語來說，這種崩潰提供了玩家一個面對宰制的日常生活的「逃逸路線」（line of escape）。

Fiske帶給我們的是一種科技使用者的體驗觀點，其強調了電玩的大眾文化具有一種政治的潛能，愉悅的體驗實際上是政治性的，大眾在日常生活的細節中，透過不同的閱讀與實踐，以快感的取得（access）拓展了作為從屬者的活動空間。而玩家的知覺感受，乃通過種種身體感覺與閱讀操演的策略，去體驗電玩作一種新的文化文本。

🌳 三、電玩作為一個社會

除了討論電玩作為一種新興媒介文本與電玩玩家的遊玩體驗外，我們進一步地將電玩指向某種遊戲的「詮釋共同體」，也就是從電玩的文本、電玩的使用，再轉向電玩中社會性的編織。在Steven Johnson（2006）的《開機》（*Everything Bad Is Good for You: How Today's Popular Culture Is Actually Making Us Smarter*）一書中提出一種「電玩的勞動學」，在他認為越來越複雜的遊戲文化裡，遊玩電玩更像是一種工作（work），玩家時常要將電玩遊戲的快感，建立在「探詢」（probing）與「套疊」（telescoping）的學習過程中。所謂「探詢」乃是細瑣繁雜的搜尋，「套疊」則是同時運作多項理解能力，這些工作十分類似「日常生活」。而在這些工作的背後，更重

要的是，意義豐沛的共同體的全然沁浸，在玩家的社群中「溝通」，以學習到電玩遊戲的技巧、技術與意義。

James Newman（2004）認為，玩家並不是一個孤獨的遊戲者（solitary gamer），玩家們在電玩螢幕開關之間，有著社會性的競爭與合作。Newman將電玩視作為某種社會空間（social space），玩家們的社會關係，可以在單機版遊戲中被想像，更在虛擬實境與裝置互動在網際空間中得以實現。非但如此，當玩家關上螢幕後，回到現實生活中，遊戲並沒有結束，玩家，也就是電玩迷們（fans），會持續在網路空間中「分享」（share）遊戲「破關」的策略，或是一些令人驚奇的小祕密。圍繞著電玩迷而產生的周邊事物也持續再製著，像是電玩雜誌、二創小說、電玩展等。Newman認為，電玩的社會性在遊戲內／外同時發生著，這與其他許多形式的大眾文化有著顯著差異。

根據上述，對電玩遊戲的探究，關注著下列三種問題：「玩家遊玩何種電玩」、「玩家如何遊玩電玩」、「誰在遊玩電玩遊戲」，此三個面向構成了電玩文化的整體面貌（Shaw, 2010）。簡言之，理解電玩，大抵上可以粗略分為三大範疇：使用者、文本、社會。這恰恰就與新媒體研究（new media studies）的旨趣趨勢相符膺。在傳統媒介的觀點下，我們關心的是閱聽眾所構連出的再現、解釋、消費等面向；然而，從新媒介的角度來看，則是強調使用者，在去中心化的媒體下，享受著遊戲帶來的快感，體驗新文本，參與共同創作（co-create），並沉浸其中（immersion）。這與本章節所引介的過程性語藝，同樣指向一個與傳統媒介研究截然不同的認識觀點。

第二節　拆解遊戲：過程語藝的原則與分析

　　回到傳統的電玩研究中，論者們通常將電玩當作是一種平面式的媒介，大都假設遊戲與玩家之間具有一種線性關係，即注重遊戲內含的程式碼（code）所運作出來的系統，以及玩家的單向接收（Taylor, 2002）。但從新媒介角度出發的電玩研究，則不是僅關注遊戲的程式系統，或是單單著重玩家的接收，而是賦予電玩一種「過程」特質，即通過螢幕與搖桿作為理性與感覺統覺的介面，聚焦於玩家與電玩符號的互動。

　　回顧電玩研究的歷史，長久以來有著遊戲學與敘事學（Ludology/Narratology）兩立場的對立辯論（Voorhees, 2009; Murray, 2017），而本文試圖引介電玩的過程語藝分析，則正可以透過玩家的實踐過程來消解兩立場各自的限制。Bogost（2008a）針對遊戲文本的「過程」特質，建構電玩的語藝學分析，他提出了電玩遊戲的語藝學（the rhetoric of video games），認為電玩擁有獨特性質：遊戲文本提出特定的主張，玩家在互動中進行理解、評估與判斷，並且與其他玩家形成社群實踐，他們可以表達自己的觀點。這樣一來，如同前節所示，電玩遊戲就是將文本、玩家與社會協同為某種意義的展現。以下我們來瞭解遊戲語藝所具有的三個重要概念，即「可能性空間」、「過程」與「語藝」。

一、可能性空間

　　Bogost（2008a）引用了遊戲設計師Eric Zimmerman對遊玩的定義，即「遊玩是一種在規則與結構中運動的自由空間」，Bogost稱它為「可能性空間」（the possibility space）的創造，其根植於多種社

會實踐，而加附的規則並不會阻礙創造的生成，反倒更使其成爲可能。例如操場上的兒童遊戲，會在時間、空間、裝備、類型的限制下，讓豐富的遊戲過程成爲可能。

　　事實上，在電玩遊戲的範疇中，可能性空間指陳遊戲系統裡的各種配置設計，如時間、地圖、物件、角色等等，玩家則通過可能性空間中的符號系統，來領略在遊戲中玩家必須認知的規則。電玩遊戲如同一種符號機器，提供一個以數位媒介爲基礎的生活世界，借用語藝學者Kenneth Burke的符號行動觀點來看，玩家便是電玩空間中的「電子符號行動者」（沈錦惠，2007）。在此觀點下，語藝實踐即是在數位環境中的電子符號使用。電玩空間所架構出來的規則，不僅僅是產生遊玩經驗，同時也建構遊戲的意義，具有積極的語藝實質意涵。

二、遊戲的過程性

　　在電玩的語藝學中，我們以過程性（procedurality）的實踐來理解電玩遊戲裡規則的再現，說白話點，就是玩家透過遊玩來探索規則。一般而言，所謂「過程」乃指建造、構築從事某件事情的方法：「過程」也常被看待爲一種經過長時間的累績後所固定下來的行動方式，因此通常只有在問題出現時，人們才尋求「過程」、「程序」的解決。而事實上，「過程」、「程序」是創造可能性空間的限制的總和。

　　Janet Murray（2017）在《全像平台上的哈姆雷特》（*Hamlet on the Holodeck*）中記述的「未來敘事」載體，洽好反映了我們所提到的「程序」概念。未來敘事是一種以機器技術架構爲核心的敘事思考，其包含四種特徵：過程性（procedurality）、參與性（participation）、空間性（spatiality）與全知視野（encyclopedic scope），其中過程性指涉電腦定義一切規則執行的能力，是軟體（software）的

核心實踐。軟體是由模擬事物行為的演算法所組成，程序就是演算法的價值。在所有基於演算基礎的媒體中，電玩比起其他媒體來得更強調過程，更頻繁地利用透過遊玩探索來創造更豐富的可能性；而電玩軟體通常致力於表現性，而非純粹文字上展示，這樣的表現性經常為建構一個空間或系統的模型，讓每一個玩家都能領略其中虛擬的真實。過程的表現會建立遊戲的真實，例如《魔獸世界》（World of Warcraft, 2004）強調的是武器的力量與變化，Bogost喜愛的例子《動物森友會》（Animal Crossing, 2002）則以工作、交易與空間布置為核心規則。無論是《魔獸世界》的戰鬥或是《動物森友會》的消費，都圍繞著某種人類的社會實踐與其素養。

🌳 三、電玩的過程語藝

如前述的第一代《動物森友會》，該遊戲以「消費經驗」作為主要過程，電玩遊戲時常以主張某種人類經驗的文化、價值、物質為隱含的目標，Bogost認為這便觸探到以提出觀點、說服他人為目的的語藝學（Bogost, 2008a）。語藝學根源於兩千五百年前古典希臘傳統，語藝學重視解析說服的技巧，瞭解人類溝通訊息的生產與交換，知曉意義如何可能。古典權威語藝學定義是Aristotle在其《語藝學》中所說的，在任何特定場合下尋找可能的說服手段的功能。早期的語藝學是以說服聽眾為目的，故它幾乎與「說服」成了同義詞。然而，通過古典語藝學、中世紀語藝學、文藝復興時期語藝學、十八、九世紀語藝學，最後到了轉向的二十世紀新語藝學以及語藝批評。語藝學者們將語藝理論的焦點從說服手段的功能逐漸移往意義理論，也就是「人類理解如何可能」的各種典範與觀點。對於Bogost來說，新形態媒介的增加，必須有新的語藝批評方式來掌握，尤其是對視覺語藝的重視，其中建立起數位環境的「程序編碼」便需要被納入語藝實踐與批評的環節中。

在數位時代，語藝不僅僅是依賴口語和書寫的技巧來達成，像是電子語藝（沈錦惠，2007）、數位語藝（蔡鴻濱，2017）、視覺語藝（王孝勇，2016）、視覺化語藝（邱誌勇，2014；李長潔，2018）、多模態語藝（秦琍琍，2017），皆從當代特殊的運算語境中探訪語藝的多元形態。在多元形態的發展基礎上，強調硬體、軟體之運算的電玩語藝，則認為口語和文字的語藝已不足以描述電玩遊戲的展現形態，電玩的作者和玩家透過運算系統實踐了一個高度複雜性的說服與表達。電玩不僅是一種「表現性媒介」，也是一種「說服性媒介」，電玩呈現出真實與想像的運作，邀請玩家在真實及想像之間進行互動，並使玩家對於遊戲文本進行價值判斷。電玩文本的核心作用不僅是經典語藝學的「改變意見或行動」（to change opinion or action），更強調通過實體或虛擬的過程規則來「有效地傳達觀念」（to convey ideas effectively）。而這一切都必須通過程式的運算、模型（model）的運作與遊玩的過程來實現，在此過程，語藝是有效且具說服性的表現（Bogost, 2008a）。

然而，《數位語藝：理論、方法與實踐》的作者Douglas Eyman（2015），在數位語藝發展之爬梳中指出，Bogost所強調的「表現」（expression），應該要指出其語藝效果，而非僅僅是過程，也就是說，「說服性電玩」（persuasive games）的效果評估尚需進一步地考量。不過，Eyman也承認，Bogost的過程語藝有助於解析數位文本的基本結構，與揭示文本中的意識形態，而這正是當代修辭批評的著重之處。

總括來說，Bogost（2008a）嘗試性地對數位時代的語藝批評的方法，其認為電玩遊戲乃藉由圖像邏輯、文本邏輯、互動與遊玩來實踐過程性，其內涵是一種規則的、動態的、體驗的跨越文本到社會的多元實踐。也就是說，當我們想要對電玩進行語藝學觀點的分析，就必須同時考量到遊戲設計者創作之電玩文本的運算與規則、玩家的遊玩體驗，以及遊戲與遊玩背後的整體脈絡，進而得以解讀出電玩遊戲

所建構的論點主張，甚至是意識形態。

　　不過，Bogost的過程性語藝觀點，並未清晰地指明批評方法的具體做法。本文接著便透過介紹Bogost所列舉的「體驗遊戲」語藝批評，進一步地去理解過程語藝的具體批評方法。

第三節　以體感遊戲為分析例證

　　Bogost（2005）曾對風靡一時的體感遊戲《熱舞革命》（The Dance Dance Revolution，簡稱DDR）進行過程語藝的分析。這款劃時代體感遊戲是由Konami公司推出，以模擬熱舞為主題，將「身體」的要素帶入電玩遊戲的過程中。當時是1998年，《熱舞革命》從街機（arcade games）延燒到每個人的家屋中，Sony Playstation、Sony Playstation 2、Sega Dreamcast、Nintendo 64、Microsoft Xbox 與Nintendo GameCube前仆後繼地推出近100種不同的版本。

圖8-2　風靡一時的體感遊戲《熱舞革命》（源自維基百科Jeff The Gamr WIKI攝影）

　　《熱舞革命》這一節奏遊戲，運用了壓力感應的技術於感應踏墊上，並同步於遊戲中的影像與音樂。玩家必須跟著螢幕中的指示，踩上踏墊上相對應的符號，其符號共有前、後、左、右、右前、右後、左前、左後，與音樂搭配起來，玩家便像極了正在跟著節奏搖擺起舞。該遊戲的音樂節奏與身體擺動，再現了電子音樂的特色，而影音、機器與身體的結合，讓「身體」成為遊戲的核心，也讓遊戲的遊玩如同一場熱舞表演。而玩家用熱舞踏墊（dance pad）的生產，讓不喜歡拋頭露面的玩家，在家就可以獲得熱舞的動感體驗。節奏遊戲屬於健身遊戲（exergame）的一種，健身遊戲將減肥瘦身的健康需求與電玩遊戲的爽快追求結合在一塊，在螢幕與身體之間聯繫起類比式的關聯，讓玩家自由逾越現實主體與擬像主體兩者之間。

　　後來，Bogost（2005）再運用過程語藝的概念，對好幾項體感遊戲進行分析，試圖瞭解體感與遊戲之間的過程關係。他發現體感遊戲是由「奔跑的語藝」（the rhetoric of running）、「敏捷的語藝」（the rhetoric of agility）、「反應的語藝」（the rhetoric of reflex）、「訓練的語藝」（the rhetoric of training）、「衝動的語藝」（the rhetoric of impulsion）所構成遊玩的過程。以下概述之。

一、奔跑的語藝

　　奔跑的語藝指的是用「腳」遊玩的過程。1987年遊戲公司Atari推出的踏板遊戲《Foot Craz》，第一次使玩家體驗到在電子踏板上的虛擬奔跑。跑步是最重要的一項單人活動，在早期的運動電玩中，僅是運用手指的連續按鍵來模擬跑步的節奏，當墊子踏板被發明，「連續踩踏」便正式進入到電玩遊戲的身體符號中。「連續踩踏」成為跑步的程序性表現形式，是一個抽象的過程。

🌱 二、敏捷的語藝

敏捷的語藝則是指在持續的奔跑衝刺中，加入「中斷」的元素。以1987年的《體育館賽事》（World Class Track）為例，它以Family Fun Fitness Control Mat體感踏墊作為操作介面，玩家必須對應畫面中的障礙賽，進行突然踩踏終止的動作，以表現越過跨欄。這樣的操作，藉由多樣的動作組合交替，以「時快時慢」（sometimes quickly, sometimes not）來呈現「敏捷性」（agility）。另一款《街頭警察》（Street Cop, 1987）則運用NES Power Pad與手持遙控器來模擬飛車抓賊的橋段，有著更多樣的動作組合。

🌱 三、反應的語藝

「反應」（reflex）則是依賴「看」與「手」之間的互動關係來建立。還記得兒時必玩的街機遊戲《打地鼠》（Whack-a-Mole, 1976）嗎？用木槌擊中從洞裡鑽出來的小動物，端看誰的反應快。這款遊戲設計源於嘉年華會的擲球遊戲，一直紅到90年代以後，變形成《踩蜘蛛》（Spider Stompin'）等遊戲。不管是地鼠或蜘蛛，玩家不用耗費長時間跑跳的體能，只需要安靜地等待外部刺激。所以說，反應的語藝是基於時間敏感反應（time-sensitive responses）的物理性輸入。刺激—反應的遊玩方式，在Playstation 2的《EyeToy：Play》中得到更有趣的發展：用攝影機將玩家攝入遊戲畫面中，玩家凝視著螢幕裡的自己與突然出現的物體，並與之互動（撥開、拿起、切斷、打擊等），將物理性的反應化成虛擬性。

🌱 四、訓練的語藝

最有趣的應用，應當是將傳統的體能訓練轉變成是電玩遊戲的遊玩，可稱之為「訓練的語藝」。1988年的《Dance Aerobics》，第一

次將實際的舞蹈健美操植入螢幕中，使用踩踏板來監督玩家的有氧運動，當時這款遊戲以女性為主要受眾，廣告強調健康與優美的體態。《Dance Aerobics》沒有著重於刺激─反應或敏捷，也沒有用過多的故事與類比來增加遊戲性，而是清楚地明示玩家該進行的所有動作，並且進行動作標準的測量。遊戲公司強化了踩踏板的反應度，試圖模擬出一個真正的健身房，也在遊戲中設置了訓練師的功能，給予正確的指導與回饋，儘管還是有諸多感性器反應程度與偏誤的限制，但訓練類型的遊戲以真正外部文化指涉（external cultural referent）為基礎，不再是一種抽象化的模擬。甚至到了遊戲機Xbox平台的《健身教練》（Yourself! Fitness, 2008），幾乎完全去除掉遊戲的成分，而以「專業的健身諮詢」為號召。該遊戲類似電視運動節目一樣，收錄著各種有氧、瑜伽等運動教學，且有專業的教練教導玩家怎麼健康安全的運動身體。在遊戲中，玩家可以輸入自己的年齡、身高、體重等個人資料，電腦會依照玩家的身體資料而設計出一套適合玩家的運動。訓練的語藝訴說著：「只要每天都遊玩，就能擁有健康的身體！」

五、衝動的語藝

《健身教練》在體感遊戲市場上一個相當卓越的策略是，它試圖改變主要玩家為男性的市場，並將傳統的電玩遊戲延伸到健康／健身領域，並且以個人健康作為引誘遊玩的理由，但這似乎無法讓玩家全心投入到遊玩的愉悅中。這便牽涉到「衝動的語藝」，其指的是讓玩家浸入遊戲的程序。像是《Short Order/Eggsplode》（1989），它是一款接顧客訂單，進而組合漢堡的遊戲，玩家必須在漢堡肉、生菜與美乃滋之間做出正確的序列。遊戲脈絡化了玩家的每個動作，使其具有具體的意義：解構漢堡的過程，這樣的意義規則使玩家願意投入到反覆的動作中。而《熱舞革命》在設計衝動的環節上，是相當精巧

的。《熱舞革命》讓玩家專注於螢幕上的方向箭頭，若箭頭在對的時間中完成對應，便會將分數累積於計量表，造成「連鎖」的分數加成作用，並輔以遊戲中虛擬教練語音上的鼓勵與回饋。正向地鼓勵玩家將遊戲進行下去，並得到更完美的技巧。《熱舞革命》的「衝動的語藝」，設計了無數個相當短程的目標，誘使玩家能夠持之以恆地反覆練習，這種漸進式的衝動，促使玩家全身投入遊戲，避免掉無聊又複雜的運動知識。

Bogost（2005）做了上面的各種過程語藝分析，得出體感遊戲發展與當下的遊戲程序特徵後，更進入到社會情境的具體脈絡中進行審視，即體感遊戲的遊玩場所──客廳。客廳是這些電玩遊戲所被施展的主要場所，尤其當遊戲與電視螢幕連結得更為緊密後。一般來說，客廳是被大型桌椅家具放滿的空間，人們在裡頭吃著爆米花、看球賽轉播，這裡的活動經常是較靜態的。體感遊戲總是需要一個比較大的空間才能遊玩，除了放置遊戲機具，更需要做出各種動態動作，多人競賽時，甚至還要將桌椅搬開，以騰出更大的空間。如果在個人房間遊玩，則會面臨空間狹小、沒有適當螢幕距離、沒有安全的視覺反饋之疑慮。簡單來說，體感遊戲在實際空間上的需求與限制較大。

而體感遊戲的殞落，也與70年代以來所建構的家庭空間緊密相關，客廳負擔著家人們回家後的溫馨時光：吃一頓晚餐與悠閒地收看電視節目，而不是汗流浹背的努力健身。戰後美國中產階級家庭以「夢想」為價值核心，開始以大量貸款推動消費社會的運作，購入支撐美滿家庭的屋舍。於是努力冒險、累積資本的工作倫理，讓通勤與工作占據更多的日常時光，導致人們越來越少遊玩被固定在客廳裡的體感遊戲。因此，無論體感遊戲語藝的功能與效果如何，當它進入到真實的社會情境中，依然必須要考量到社會、經濟、政治與物質結構所構成的實質空間，是否能提供玩家真正適合的遊玩。

根據上述的理論爬梳與例證，Bogost的過程語藝在在顯示著，在數位媒介的運算特徵下，企圖理解動態的、複雜的、多元的、過程

的、互動的數位文本，尤其是電玩遊戲，甚至可以包含廣義的互動式操作，必須從一個「文本－玩家－社會」之多元實踐視角看待。行文至此，讀者可以試想，同樣是提供具體感的遊玩方式，任天堂在2011年發行的Wii，與2019年發行的Switch，是如何呈現本節所分析的體感的過程語藝？以及它們克服了客廳場域的限制了嗎？

第四節　結語：新媒體時代中電玩遊戲的意義

　　電玩遊戲研究者東浩紀（2007）在《遊戲性寫實主義的誕生》中指出，當代電玩遊戲的深厚發展，已經完全反映後現代性的確立，在大敘事的衰退後，遊戲作品與玩家所身處的多媒介環境，不斷地製造出具備讓玩家去想像其他故事的寬容空間，這個寬容空間（猶如可能性空間）奠基在資料數據的基礎上（database），並透過更多元的傳達互動來打造想像力的環境，藉由反身性再建構出支撐自我意義的世界，讓個人化的「小敘事」得以被理解與實現。

　　以過程語藝解析當代電玩文本與其遊玩，乃強調將玩家在「規則」、「模型」中所創造出的可能性空間呈現出來。對玩家而言，其並非一種現實的約束，而是對現實的多重想像與個人身分的保證。或許，我們總認為電玩遊戲的動機設計，在於刺激玩家去想要獲得某樣成就，進行誘導，使其採取行動；但從本章節的討論看來，更重要的是，遊戲玩家創造意義的空間，與審視多元社會實踐下玩家所渴望的滿足感，這將是所謂「遊戲」的要務。

　　最後，我們將討論回到過程語藝與當代數位語藝的思索追問。可以見到，當前臺灣傳播領域中的數位語藝，時常聚焦於網際網路與社群媒體上人們的圖文展現，與其產生的效果和影響，某個程度上，這樣的議題發展限縮了我們對新興媒體的想像與展望。為了充分認識數

位媒體對社會與傳播的推進，對於數位語藝的研討尚需含納其他的媒體形式，尤其是過程性內容（procedural content）（Togelius et al., 2013），而電玩遊戲則是其中重要的類型。當手機應用程式介面、互動式文本、數位文學、網路新聞等內容表現皆趨向遊戲化（李順興，2010；賴玉釵，2016、2017），更多的使用者在程式設計的世界中與人工智慧互動，藉由過程性的多層次（multi-level）、多模態內容（multi-content）展現，達到表述與觀點的提供。

透過本章節對Bogost與過程語藝的引介與應用，可作為當代數位語藝概念的補充例證，數位語藝的研究取徑除了可以強調「情感訴求」、「互動性」、「互文性」外（Warnick, 2007），尚可針對「過程性」來實施語藝批評。強調過程性的數位語藝，讓我們更加地留意，在使用者與系統互動時，立基於身體經驗的文本流動性，與文本的程式運算基礎，是一種對文本過程的結構性還原，其體現了數位媒介構成的新唯物主義特質。Bogost提出的數位語藝概念，符合數位內容與形式的更新與變遷，解決了傳統語藝理論與晚近數位實踐之間的脫節，可以說是當代語藝批評的核心實踐（Eyman, 2015）。

電玩遊戲以過程性文本來進行理念的宣稱，而玩家則在過程中對文本進行理解與詮釋。這樣看來，過程語藝所持之目的，並不一定在「改變」對方的態度或行為，而是解釋了在互動與沉浸的數位虛擬環境中，使用者／玩家如何參與文本的意義產製（meaning-making），使一個與數位文本共在的「電子符號行動者」（沈錦惠，2007）得以可能。過程語藝作為較新穎的當代數位語藝批評方法，在近年的傳播研究中起了重要的作用，其協助研究者們用更動態的方式來認識使用者與內容之間的關係。不過，在「說服性電玩」一詞出現的十餘年後，仍缺乏更多元、更豐富的實證研究，來說明過程性的內容究竟如何達到表達與說服效果，這是未來過程語藝與電玩研究可以持續嘗試的討論方向。

參考文獻

一、中文部分

王孝勇（2016）。Mikhail Bakhtin〔時空型〕概念的視覺語藝意識與實踐之
　　初探：以2014年臺北同志遊行為例。**中華傳播學刊，30**，頁143-178。

李長潔（2018.1）。科學傳播中的視覺化語藝：以氣候變遷議題為例。2017
　　科學傳播年會。臺北市：世新大學。

李順興（2010）。數位文學的交織形式與程序性。**中外文學，39**(1)，頁167-
　　203。

沈錦惠（2007）。**電子語藝與公共溝通**。臺北市：天空數位圖書。

東浩紀（2007）。ゲーム的リアリズムの誕生　動物化するポストモダン
　　2。東京：講談社。

邱誌勇（2014）。視覺性的超越與語藝的複訪：數位時代視覺語藝的初探性
　　研究。**中華傳播學刊，26**，頁107-135。

柯舜智（2010）。傳播研究轉向：瞭解電玩遊戲。**新聞學研究，102**，頁365-
　　372。

秦琍琍（2017.5）。從全媒體時代看視覺語藝的實踐：理論與現象的對話。
　　第十二屆傳播管理發展與趨勢學術研討會。臺北市：世新大學。

蔡鴻濱（2017.6）。初探數位語藝理論與方法的反思與重構。2017年中華傳
　　播年會。嘉義縣：中正大學。

賴玉釵（2016）。跨媒介敘事與數位傳散策略：評析《擴散媒介：網絡文
　　化、創建價值及新義》。**新聞學研究，128**，頁195-206。

賴玉釵（2017）。數位時代說書人與新媒介浪潮：引介《敘事新聞與數位敘
　　事》。**傳播研究與實踐，7**(2)，頁263-283。

二、外文部分

Bogost, I. (2005). The rhetoric of exergaming. Paper presented at the Proceedings
　　of the Digital Art & Culture Conference (DAC'05), Copenhagen, Denmark,
　　November 30th-December 3rd 2005.

Bogost, I. (2007). *Persuasive Games: The Expressive Power of Videogames*. Cambridge, MA: The MIT Press.

Bogost, I. (2008a). The rhetoric of video games. In K. Salen (Eds.), *The Ecology of Games: Connecting Youth, Games, and Learning* (pp.117-140). Cambridge, MA: The MIT Press.

Bogost, I. (2008b). *Unit operations: An approach to videogame criticism*. Cambridge, MA: The MIT Press.

Darley, A. (2002). *Visual digital culture: Surface play and spectacle in new media genres*. Routledge.

Egenfeldt-Nielsen, S., Smith, J. H., & Tosca, S. P. (2013). *Understanding Video Games: The Essential Introduction*. London: Routledge.

Eyman, D. (2015). *Digital Rhetoric: Theory, Method, Practice*. University of Michigan Press.

Harper, T. (2011). Rules, rhetoric, and genre: Procedural rhetoric in Persona 3. *Games and Culture, 6*(5), 395-413.

Johnson, S. (2006). *Everything Bad Is Good for You: How Today's Popular Culture Is Actually Making Us Smarter*. Penguin.

Murray, J. H. (2017). *Hamlet on The Holodeck: The Future of Narrative in Cyberspace*. Cambridge, MA: The MIT press.

Newman, J. (2008). *Playing with Videogames*. Routledge.

Shaw, A. (2010). What is video game culture? Cultural studies and game studies. *Games and culture, 5*(4), 403-424.

Taylor, L. (2002). When seams fall apart: Video game space and the play. [Electronic version]. *Game Study*. Retrieved from: http://gamestudies.org/1103/archive

Togelius, J., Champandard, A. J., Lanzi, P. L., Mateas, M., Paiva, A., Preuss, M., & Stanley, K. O. (2013). Procedural content generation: Goals, challenges and actionable steps. *Dagstuhl Fol low-Ups, 6*, 61-75.

Voorhees, G. (2009). The character of difference: Procedurality, rhetoric, and role-playing games. *Game Studies*, *9*(2).

Warnick, B. (2007). *Rhetoric online: Persuasion and politics on the World Wide Web*. New York: Peter Lang.

第九章

社群媒體與語藝學

李長潔

　　一早的電車上，無論你是學生，或是上班族，還是荣籃族，看來似乎都一臉疲憊，禁不住早起的折磨。不過就算再累，大家依然低著頭盯著一個神奇的發光體：智慧型手機（smartphone），一邊用手指滑動著螢幕，然後看到一則朋友張貼的搞笑影片，忍不住逕自嘴角上揚，並且快速地在影片的留言處寫上自己的看法。此場景在2006年後，逐漸成為生活的日常，人們透過各種行動溝通技術，隨時、快速、便捷地連結到不同的社群中，訴說著於公於私的所有事情。

　　傳播學者José van Dijck一樣為此場景著迷，她在《連結的文化：社群媒體的批判史》中寫到，從Web1.0到Web2.0，就是2001到2012年之間的巨大數位轉型，「社交」（social）成為一種網際網路上大量被提供的服務，尤其在2006年後，「社交」意味著一種可以被管理、經營、利用的技術。這種模式在Facebook、Google、Yahoo等網路服務科技公司的全力發展下，幾乎全球人類的生活，包含政治、經濟、文化等面向，都全面地進入一套新的規範與價值觀中，也就是「連結」（connectivity）。無獨有偶，語藝學者Douglas Eyman（2015）亦重視數位環境中網絡（network）的連結隱喻所帶來的根本性思想變革，他認為數位時代中的語藝具有一種建立社群的潛能。

　　本章節裡，我們將Kenneth Burke的「符號行動者」置於數位環境中，人們流變成「電子符號行動者」（沈錦惠，2007），社群媒體中的「連結」就成為我們在數位生活世界裡書寫的痕跡，甚至是存在的樣態本身。本文將介紹當前數位時代中，社群媒體（social media）、社群網絡（Social Networking Sites，簡稱SNSs）所呈現出來的語藝文類及其特質，探索各種社群媒體上所展現的語言符號展演，並且以邀請的語藝學對當代行動通訊技術的溝通省思作為結尾。

第一節　社群媒體的興起

　　媒體（media）的拉丁字源爲medium，有著中介、中心等，爲居中傳遞意義的載體。從人類的巨觀歷史來看，媒體的起源在於人具有交流意義的需求，需要透過一個載體對於資訊進行分享、散播與再現。而媒體的中介傳播與擴散，也隨著技術的革新衍生變化，此變化則促使整個社會「再脈絡化」（recontextualization）。如「古騰堡革命」（the gutenberg revolution）（Man, 2010），印刷術的發明使得知識取得、資訊散播進入前所未有的躍進，也改變了世界的質量。

　　1971年，第一封電子郵件（electronic mail，簡稱email），由美國高級研究計畫署（Advanced Research Projects Agency）發出，就此展開打破空間限制的連結。經歷過全球網際網絡（world wide web）的誕生，各種應運而生的信息聯繫工具相繼問世。2000年前後，寬頻網絡逐漸普及，Myspace（2003）、Facebook（2004）、YouTube（2005）、Twitter（2006）、Instagram（2010）等社群媒體大量介入我們的日常生活，甚至取代了大眾傳播媒體（mass me-dia）的重要性。

　　而所謂社群媒體（social media），則是一種人們用來創作、分享、交流意見、觀點及經驗的虛擬社群和網絡平台。從Web1.0到Web2.0，奠基於傳播技術的基礎，人類發展出一種傳播的新形態，其特色是社交網絡活動進行、線上協作、使用者共享等（Strandberg, 2013）。無論是廣播或電視，大眾媒體的受眾大都被吸引至單一或少數有能力產製內容的媒體上，但以網路作爲媒介的社群媒體則不同，其以網絡狀的方式呈現，包含豐沛的橫向連結；而且，這種橫向連結不只像是電話、信件那樣的一對一傳播，還涵蓋了「多對多

傳播」的途徑（曹家榮，2017）。這個由網際網絡搭建起的虛擬空間，就如同一個擁有眞實連結的關係社群。

有一個有趣的論點，《社群媒體前2000年》（Standage, 2013）一書弔詭地號稱媒體的本質就是社群（community），發展了一百年的大眾媒體（mass media）才是溝通行爲上的異常。人們每日生活的展現，像是閒聊、八卦、情感交換、自我表達，更可能是公共性的核心關懷所在。這樣看來，在社群媒體的浪潮中，我們緊緊地黏著在虛擬的共同體上，在屬於我們自己的城邦裡，自由表達意見，任意參與公共事務。因此，如何在虛擬空間中，善於運用溝通獲得認同、與他人共鳴，就成爲一種數位時代群居的理想狀態，也是社群媒體中數位語藝的價值。

對於語藝學而言，社群媒體是理解當代語藝情境（rhetorical situation）的重要挑戰，我們越來越難去描繪異質群眾，在形式多元的平台上，從事著更多樣態的語言行動。以下部分將從語藝學的觀點理解社群媒體。在數位時代中，社群平台（platform）就是一種語藝學中的文類（genre），我們將選定幾個當代重要社群平台，並介紹與討論這些平台的文類脈絡與特質，藉此作爲認識社群媒體的基礎。

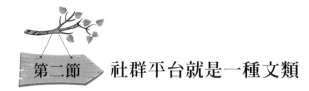

第二節　社群平台就是一種文類

傳播技術的變革，讓個人與社群的互相構成有了更加複雜的紋理。Web2.0的技術環境，帶來了傳播革新的湧現，數位的溝通方式，成爲當代一種至關重要的新興文類（Alexander & Levine, 2008）。尤其是社群媒體中語藝的本質、發言的位置與動態的關係，呈現著流動不居（fluid）、變化多端（changeable）、不穩定（non-static）的特質。人們在數位科技的設備上，進行各式各樣日

常行動的協調，這種前所未見的交流互動，可以說是一種新的傳播典範（communicative paradigm）（KhosraviNik, 2014; KhosraviNik & Unger, 2016; KhosraviNik, 2017）。

　　社群媒體相關的語藝學批評，是目前數位語藝領域極富發展潛力的範疇。Stine Lomborg（2011）便試圖在傳播科技的程式運算與使用行為的架構上，提出一種獨特的動態文類觀點，以含括社群媒體上持續中斷、高度不確定性、非制度化參與、又產又用（produsage）的語言行動。

　　所謂的「文類」，也可稱作文體或體裁，原指文學作品的分類範疇，是文學批評中常用的術語。一篇作品所屬文類，可以依文本的內容、風格、技巧、篇幅等要素來分門別類，而後沿用到其他創作形式的劃分。Carolyn Miller（1984）借用Lloyd Bitzer的語藝情境，提出「文類就是社會行動」（genre as social action），他認為文類本身就是一種社會行動，是由物質、事件、偏好與目的所共同建構的；也就是說，語藝文類，即是各種社會需求的具體化。

　　回到Lomborg（2011）的語藝文類觀點，在數位時代的境況下，讓我們對社群媒體中的語藝情境感到極大的興趣，因為這種線上（on-line）的每日生活，反映了當代人們生活的目的和需求。社群媒體促成了一種特殊的社交行為，一種廣大參與者們共同進行的人際互動關係維護，其包含著關係的建立、互相對話、情感交流、資訊交換等。與大眾媒體相比，社群媒體更傾向直接地表現出人群的「連結」特質。所以，我們可以將社群媒體認為是一種溝通文類（social media as communicative genres），這種文類建構於使用者的互動，並在程式運算與各種社會目的下，達成一種特殊的溝通實踐（communicative practices）。

　　下面先以批踢踢實業坊、Facebook、Instagram、Line四個平台作為個案，介紹各平台的文類特色與溝通模式，以對當代社群媒體做一初步的認識。

🌲 一、富有臺灣在地特色的「批踢踢實業坊」

批踢踢實業坊（Professional Technology Temple，簡稱PTT）是一臺灣早期蓬勃發展且極富在地性特色的社群網站。PTT以電子布告欄系統爲主體，提供快速、即時、平等、免費、開放的網路言論空間。2005年，PTT已經擁有三個不同的BBS分站：批踢踢實業坊、批踢踢兔（PTT2），以及批踢踢參（PTT3）。當中規模最大的批踢踢實業坊，同時上線人數可達到15萬人，也是中文世界裡最大的電子布告欄。PTT具有相當多元的話題討論，時常激盪出關鍵議題熱潮，甚至影響到眞實的生活層面，引領輿論風向，是臺灣特有的媒體現象。

《婉君妳好嗎？給覺醒鄉民的PTT進化史》（黃厚銘，2016）一書，爲臺灣近年浮現的網路「鄉民社會」提出觀察與分析。黃厚銘對極富「臺灣味」的PTT有著深入淺出的討論，也指出該平台「另類」（alternative）的傳播模式與影響力。所謂「另類」，一方面是指以一般所謂舊技術爲基礎，所創造出極具特色、影響力的「鄉民文化」；另一方面則點出PTT使用者們有別以往網民的行動模式與能量。除了是橫向、多對多的傳播媒介，PTT更重要的媒介特性在於，藉由主題式的論壇結構，創造出一種類似公共空間的場所，人們於其中不僅能夠就各類感興趣的主題討論互動，更可以在特殊事件中宣洩情緒、相互慰藉（曹家榮，2017）。

🌲 二、擁有廣大社群的臉書（Facebook）

Facebook由Mark Zuckerberg於2004年在美國創立，現爲全球最爲巨大壯觀的社會互動領域。截至2020年底爲止，全球臉書用戶約有18.2億人，根據美國普查局的估算，全球約有75.8億的人口，代表每天有24%的人口造訪臉書。在臺灣，臉書的使用率高達98.9%，此普及率也表現在各個年齡層上，儘管年輕人逐漸移往其他社群媒體，

如Instagram，但至少也會擁有一個臉書帳號。作為全球最大社群平台，Facebook展現出三大社群媒體特徵：人們首次在臉書上進行各種社交活動，包含與他人聯繫、表達偏好、展現地位等等；線上社群網絡（Online Social Network，簡稱ONS）的虛擬社群樣貌，湧現著數億人的日常生活改變，「眞實世界」的定義被改變了；而個人隱私的問題，也隨著臉書的強大，越來越成為一種資訊社會中必然的擔憂（Wilson et el., 2012）。在歷經多年發展後，臉書也成為當代人際關係連結的重要方式（林日璇，2017）。

因為巨大的使用者數量與長時間的全面發展為基礎，臉書的傳播用途與影響已然深入各個社會領域。例如運用臉書傳播於教育領域之教學互動（Blazouez et el., 2020），或是透過數據經濟（data economy）形成商業模式與公眾營銷（White et el., 2020），乃至於臉書社群傳播後，在政治領域所產生的立場傾向極端化與社會質變（Blassnig et el., 2020），甚至有許多人的新聞獲取便是來自於臉書，而非傳統大眾媒體（Shearer & Mitchell, 2020）。此外，臉書的大量虛擬社交溝通，也產生了精神健康、幸福感等面向的新形態心理問題（Gilmour et el., 2020）。

三、改變我們使用習慣的IG（Instagram）

Instagram由Kevin Systrom與Mike Krieger建立，於2010年10月首次推出以圖片和影片分享為核心使用方式的社交平台，該平台的服務迅速得到普及，直至2020年止，Instagram的全球用戶已超過10億人口。根據美國民調中心Pew Research Center的調查，Instagram維持驚人的速度，成長為全美第三大社群平台（Shearer & Mitchell, 2020）。在臺灣，Instagram用戶約為730萬人，於比例上，女性使用者多於男性使用者，而大部分人口落於20至29歲之區間。Instagram以攝影與修圖功能為訊息建構之基礎，並在故事、限時動態、直

播、IG TV等功能的框架下，成功擴獲年輕使用者。Instagram的傳播模式與展演空間，推促出一種獨特的關鍵意見領袖（Key Opinion Leader，簡稱KOL），這些網美、網紅（influencer）以視覺表達的方式，將自己的社會地位建立在生活風格（life style）的展現之上，猶如美感實踐的行動者（金麟，2018），對大眾有著不能小覷的影響力。

🌳 四、封閉式社群媒體LINE

最後一個人們常用的社群媒體，即LINE。隨著網路時代來臨，全球智慧型手機的行動通訊裝置興起，傳統手機的簡訊傳遞方式已然被更加方便、多元的通訊軟體所取代，例如LINE。其不但可以一對一溝通，更有群組聊天室、視訊會議室、相簿、筆記本等幾近社群傳播之功能，可謂為一「封閉式的社群媒體」。封閉式的意涵在於需經由使用者同意產生之數位溝通，當我們同意與他人帳號形成好友時，可以說是已達成互動。回顧LINE的發展，Naver於2011年在日本推出LINE即時通訊軟體，2012年於臺灣推出相同服務。2013年NHN Japan公司更名為「LINE株式會社」，臺灣亦成立「LINE Taiwan」。直至2020年，韓國Naver正與日本SoftBank商討合併旗下日本事業，包括LINE公司及雅虎日本（Yahoo! JAPAN），將LINE株式會社吸收合併入新成立的Z控股公司（Zホールディングス株式会社）。幾經經營版圖擴大後，LINE這一通訊軟體已發展出LINE Pay、Line Today、Line Mobile、Line Shopping、Line Travel等不同服務，圍繞著個人手機通訊之特質，也出現了相應的通話、貼圖、遊戲等極富特色之數位溝通方式。

第三節　社群媒體的語藝文類批評

　　從上述的討論來看，想要理解與批評電腦為中介的溝通傳播（computer-mediated communication），大抵可以從功能的角度切入，例如行動通訊技術與社群平台上的使用設計，如何介入人們社群交流的目的與實際交流的實踐。這樣的文類批評聚焦於解釋諸新興媒體的文類，是如何被構成、如何進行協商、如何產生溝通過程中的穩定與不穩定樣態。語藝文類批評的核心要素，即是強調文類的動態面向。Jonnne Yates與Wanda Orlikowski（1992; 2002）認為，將文類與結構化過程關聯起來，可以更加靈動地去理解制度化實踐（institutionalized practices）、個人行動（individual actions）與文類詮釋（interpretations of the genre）之間的交互影響。

　　新興的社群媒體偏離了大眾傳播的經典傳播模型──SMCRE（Source、Message、Channel、Receiver、Effect），變得越來越動態、模糊、曖昧、不穩定。為了把握新形態的溝通情境，文類批評就必須關注於人們如何透過媒介進行協商，像是部落格（blog）、電子論壇、社群網站、直播網站、聊天簡訊等，誠如前述的四種平台。當然，隨著時間的推移，其他更加新穎、多元的溝通傳播技術也必定不斷湧現。

　　社群媒體的語藝文類特質，可以根據其與大眾傳播的差異來作為認識的基礎（Lomborg, 2011）：

一、更加對稱的溝通與互動

　　大眾傳播媒體的生產者與接收者之間，存在著一種不平等或不對稱的交往關係，其交流是單向的，例如觀眾專心看著新聞記者的消息

播報。但是自有網際網路以來，甚至到行動通訊的出現，數位技術涉及到更廣大的對稱性互動，產生多方多元的交流。此溝通情境下，生產者相對地擁有較少的權力，這使得文本的產生在本質上是協作性（collaborative）和對話性（conversational）的。此外，網際網絡的交互結構，形成蓬勃發展的社交基礎，其在在顯示著使用者之間的直接交流。然而，儘管在此數位媒介的架構下，強烈地展現了個人使用者的權力，但在很大的程度上，提供數位技術服務的機構，是這個時代裡控制互動交流最關鍵的角色，因此有著「監控資本主義」（surveillance capitalism）的反思（Zuboff, 2019）。

二、又產又用的「產用者」（produser）

社群媒體構成了一種去制度化、非專業化的空間，打破了專家與常民的界線，在數位工具的輔助下，人們更方便取得數據，也更容易生產內容，讓一般的使用者也能輕鬆掌握數位文本的產製刊播（Bruns, 2008）。例如Instagram提供了各種免費的編輯、修整、發布、回應的線上工具，人們可以向全球使用者公開展演。另一方面，使用者為了獲得更多的交流互動，付出更多的心思與力氣在內容的產製上，這意味著社群媒體預設了人際交流的標準。這激發了大量反映個人日常生活的內容、使用者的生活和情感，以及他們日常協調社會活動的努力，其間還交雜大量的非正式閒聊，以及更多的資訊導向的媒體使用。因此，社群媒體使大眾的日常生活成為關注的焦點。從當前網紅、網美等社會角色的興起之現象可見一斑。

三、文本的不穩定性

社群媒體會造成媒介內容、媒介文本的不穩定性，正如本文不斷提及的「又產又用」（produsage）概念，使用者在媒介技術架構下，進行文本的協作、擴張與建構。社群媒體的文本持續大量湧現

（emergent），也總是被修改與創新。人們在媒介給定的開放空間中，隨時改變內容的主題、風格、形式，並且留下非常個人化的痕跡。相較於大眾傳播媒體那種僅將文類留給一小部分人決定，大眾傳播媒體傾向生產出保守、重複、延遲的文本類型，以滿足最適當的共享需求；而社群媒體則形成一種快速變動、直接回饋、即時互動的文本，其特徵是更多的歧義、更豐富的變化，以及多元、混合模態的表達方式。例如時下流行的「迷因」（memes）、「梗圖」，同時會以不同的形式出現在不同的平台上，使用時機相當彈性，意義的解讀與共享的價值也是動態十足。

　　van Dijck則進一步提供一個分析社群媒體文類的圖式，在她的觀點下，可稱之為某種「平台即文類」的概念。她的平台文化分析，奠基於Bruno Latour的行動者網絡理論（actor-network theory）與Manuel Castells的政治經濟學，由「技術與文化架構」（techno-cultural construct）與「社會經濟結構」（socioeconomic structures）兩途徑所組成，包含「技術」（techno）、「使用者／使用」（user/usage）、「內容」（content）、「所有權」（ownership）、「治理」（governance）、「商業模式」（business models）等構面（請見圖9-1），可作為理解社群媒體的分析途徑。

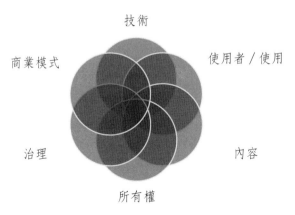

圖9-1　van Dijck的社群媒體文類之分析架構

🌳 一、技術

社群媒體作爲一種運算技術的平台，比起中介作用（intermediary），更適合被理解爲一種「協調」（mediator），其形塑著各種不同社會行動的操演（performance）。平台提供軟體、硬體與數位服務，其透過演算法（algorithms）處理大量數據，制定具平台特色邏輯的過程性規則。因此，平台的設計本身將深刻地左右使用者的每日生活。欲分析平台技術，可區分成五個面向：數據、演算法、通信協定（protocol）、介面（interface）、預設值（default），我們可以將其從技術領域帶入社會與文化的審視中，以理解技術物對人的作用。

🌳 二、使用者與使用

在社群媒體中，「使用者」是一個複雜多元的概念，其不只包含了各種有意識的活動，更有著「技術無意識」（technological unconscious）的面向。社群媒體的使用者，同時是文化接收者和消費者，也是生產者與參與者。這個面向提出了一個重要的問題：社群媒體是否形成人們對公共的積極參與？是否集體地形成了人與人之間的連結？van Dijck認爲，線上的社會性（online sociality）是由人與機器共同構成，因此需要仔細審視由技術機制控制的隱性（implicit）使用者參與，與實際情境中的顯性（explicit）使用者參與，才能更貼近現實地描繪使用者的使用行爲。

🌳 三、內容

內容時常被認爲是社群媒體中的構成元素，無論是貼文、貼圖或是影片，其也是區分不同社群媒體類型的重要依據，內容的表現形式直接地關乎技術和使用者。2006年後，社群媒體開始以UGC平台

（使用者生產內容，user-generated-content）的方式開展，像是You-Tube、Flickr等UGC平台可以線上製作、線上發布多模態內容，人們獲得一個提供全球大眾觀看的舞臺。歷經多年發展，UGC內容打破了傳統大眾媒體界定之專業與業餘的界線，模糊了產製者與閱聽人的分野，更衍生出各種新式的法律衝突，例如智慧財產權（intellectual property）等規範性的爭論。而內容的流量（quantity of data），則成為評斷品質的重要依賴。總體而言，技術、使用者、內容編織成社群媒體的三大維度，它們緊緊地與平台所依據的社會經濟結構糾結在一起，因此，van Dijck進一步地將對社群媒體的分析推入所有權、治理與商業模式。

🌿 四、所有權

　　社群媒體平台的所有權模式，是其基本的構成元素，就像是一個生產的系統。雖然有很多平台一開始的創建目的是非營利性的、以用戶為中心的，但隨著時間的推移，多數平台便逐漸轉為以企業所有者為中心的組織，例如Facebook或是Twitter都是如此。使用者免費地使用這些平台，歡欣鼓舞地創作內容，但弔詭的是，這些活躍且具統計學意義的使用者，就是各平台最寶貴的資產；我們一方面在平台所構成的公共空間中行動著，一方面平台的演算法決定了我們的偏好，像是消費行為、資訊接受等。也就是說，使用者行為本身就是平台的產品。在這樣的情況下，van Dijck讓我們思考著，誰才是公共空間的所有者呢？

🌿 五、治理

　　為了理解社群媒體的治理結構，我們必須要瞭解平台透過何種機制來管理資訊與數據的流量。在Web 2.0的早期，人們通常依著簡單的規則來管理自己的網站，例如紅極一時的「無名小站」。近年越趨

複雜的新媒體技術環境，使得社群平台更加傾向專業且自動化的治理形式。內容的管理係同時由技術協定（technical protocols）與社交協定（social protocols）所組成，明確規範使用者的活動，例如隱私、歧視性言論等等。不過，這些平台的治理規則不斷地與技術和使用者內容連動變化，時常造成使用者的失措或權益受損，是治理面向的重要討論。

六、商業模式

上述的內容治理也與商業模式有關，其幾乎是當代文化與日常生活的動力。在二十世紀的大部分時間裡，人類的文化產業大量地生產標準化的商品，例如唱片、電影等。然而，當代的文化產業的重心已然從產品轉向服務，大規模複製文化產品的工業邏輯被徹底根除，虛擬化、個人化、流通化的提供服務，讓人們透過平台的加入（會員），來重新塑造自己的文化生活。而這樣以「服務」為核心的數位商業模式，最終則形成社會關係的貨幣化（monetize）。更有趣的是，社會關係的貨幣化並非一種靜態的剝削，而是在塑造社會性與創造力的過程，成為一種動態的中介。

van Dijck的平台分析途徑，即對連結的文化（the culture of connectivity）的理解，不只是關注於技術物與人類之間，更關注於個體之間、群體之間，關注內容與商品服務之間，甚至最終形成一系列對社會權力與資本神話的批判。社群媒體意味著平台以使用者為中心，強調其中富含「參與」和「人類協作」的運作，而van Dijck則更留意社群媒體所構造的連結，其涉及自動化系統工程和操作之間的關聯性，如何將人群的關係運算化（computational）。我們確實也看到，媒介技術打破時空的限制，讓人們時時刻刻「在一起」，這種「在一起」，是將社交行為的熱情和親密媒介化，通過傳播媒介感知他人的存在，打造出一個共同在場、注意力分配、資訊理解、情感理解、情感相互依賴的生活世界（van Dijck, 2013）。

　　回到數位語藝的探討，在《數位語藝》一書中，作者Eyman（2015）將網際網絡空間中的節點（node）、連結（link）與網絡（network）當作一種語藝建構（rhetorical construct）。而這個語藝建構則同時包含物理網絡與政治網絡，其中運作著物質上的分化／融合、開放／封閉、湧現／捕獲，也富含人對資訊流的積極社會參與。也就是說，網絡的連結，是理解數位時代語藝的圖示（diagram）：社群媒體上的公眾被網絡化了（networked publics），人們藉由技術物、傳播、社交手段所構成的線上資訊處理過程（online informational processes）而存在著。

　　從上述討論可以見到，社群媒體隨著行動通訊裝置的普及化，深刻地改變了人類的溝通形態與群聚樣貌。從語藝學的溝通文類角度來看，人類溝通傳播的媒介化，逐漸染上數位媒介本身具有的特質，發展出資訊社會特有的交流情境。而語藝學的理論與方法也逐漸走向探索大規模的社交行為與媒體環境。從Lomborg、van Dijck到Eyman，今日的社群網站體現的不僅僅是「參與的文化」（a participatory culture），更是「連結的文化」，社群媒體呈現出一種「平台社會性」（platformed sociality）（van Dijck, 2013；林瑋嬪，2016）。從文類的特色描述與分析來看，除了傳統語藝學中所渴望達到的「說服」（persuade）外，社群媒體的文類同時也強化了「邀請」（invitation）的手段與目的。接下來，本章節將討論社群媒體的邀請語藝特質，其就可以說是一種連結文化的展現。

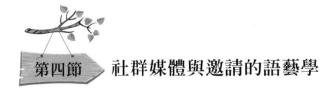

第四節　社群媒體與邀請的語藝學

　　從語藝學的傳統來看，社群媒體活動的目的，是促成使用者形成群體，以滿足互相交流的需求，甚至我們會期待透過社群媒體上的發

言，形成「風向」，達成「說服」。不過在社群媒體中，語藝的技巧較常被忽視，但事實上，在社群媒體上的各種語言行動，亦是充滿著修辭的目的與技巧，以數位符號行動編織出的語藝之網。一般而言，我們常從「說服」的角度來理解人與人之間的互動溝通，但社群媒體上的數位符號行動具有動態參與式網絡的流動、多變特質（KhosraviNik, 2017），似乎更適合運用「邀請的語藝學」（invitational rhetoric）的理論觀點來把握與實施。

🌱 一、邀請的語藝學

Sonja K. Foss與Cindy L. Griffin在1995年時提出〈超越說服：一個邀請語藝學的提案〉（Beyond persuasion: A proposal for an invitational rhetoric）一文，其通過反思語藝學的根源與女性主義的視角，產生了有別於以「說服」為核心的語藝學傳統。Foss與Griffin打造了一個根植於女性主義立場，強調「平等、內在價值、自決」（equality, immanent, self-determination）的語藝理論。她們認為「從遠久以前的西方語藝學學科開始，語藝學便是一門企圖改變他人的學問」，此觀點強調語藝就是說服（rhetoric as persuasion），其目的在於改變（change）他人，這種「改變」的能力緊緊連結於權力（power）。Foss與Griffin宣稱這種說服的語藝學，致力於「改變、競爭與支配」（change、competition、domination）的語言力量（Foss & Griffin, 1995）。

因此，邀請的語藝學企圖回應說服的語藝學之缺點，致力於邀請受眾認識言者的世界，也邀請言者表達他們的觀點，並且不帶著任何審斷、輕視去對待與之相異的觀點。此理想情境應出現在言者表達其思想之際，使受眾感受並同意言者的所為，在意見交換（exchange）的時候，真正的理解得以發生，有著「視域融合」（fusion of horizons）的詮釋學意涵（Ryan & Natalle, 2001）。在邀請的語藝學之

中，溝通是方法也是目的，在邀請的同時，理解也發生了。

二、行動溝通技術中的邀請語藝

2020年，Foss與Griffin主編了《邀請理解：邀請語藝學的樣貌》（*Inviting Understanding: A Portrait of Invitational Rhetoric*）一書，旨在對25年前發展起來的邀請語藝學進行全面的論述，新舊篇章交呈，以探索、深化、擴張「邀請」的概念。該書映照著數十年的時代變遷，關照社群媒體、藝術塗鴉、組織傳播、文學寫作等範疇。Foss與Griffin有鑑於當前全球社會與政治之紛歧，重新提出邀請修辭的原則與應用，以因應當代的迫切需求。

專書中，Foss與Turner（2020）以〈行動通訊技術時代對邀請語藝的挑戰〉一文，針對手機所構連起來的新式溝通形態，例如本文前述之Facebook、Twitter、email等，其中行為包含通話、傳訊、聽音樂、看影片等模式，進行邀請語藝的反思批評。他們認為行動通訊技術所展現的兩個媒介特質：「多樣的意見」（multiplicity of options）和「互動的控制」（interaction of control），是影響當代語言行動的關鍵因素，其可以呼應Lomborg、van Dijck、Eyman對社群媒體的分析。我們可以見到，藉由多樣媒介技術傳達與移動，形成各種意見形式，促成與他人關聯的行動，這兩個特質顯現出人們透過多模態媒介所構成的關係中，充滿豐富互動的能動性（agency）。

人們因為行動溝通技術的善用，得以打破時間與空間的限制，更加自由地分享複雜的觀點。如社群媒體所提供的言論空間，其排除掉面對面溝通的壓力與張力，使言者與聽眾可以在其間安全、平等、並置地交換意見。在平台的言論空間中，允許大量的觀點分享，這顯示了邀請語藝的積極效果。任何一位使用者都可以選擇在此多樣性的社群裡，深思熟慮地、有目的性地參與不同觀點的討論，也產生出多重差異的意見連結。在很多時候，人們可以在不需要「改變」的情

況下，打起意願去瞭解另類觀點的立場。這些都是邀請語藝可貴的起
點。

當然，Foss與Turner（2020）也看見了行動溝通技術對邀請語藝
的負面影響：移動技術的運用，反而使個人看不到邀請互動的潛能，
例如被縮減的碎片化溝通時間。而智慧型手機使用的便利性，有時候
則造成更強烈的分心，弱化了邀請的動機。亦如同van Dijck所探討
與批判的社群媒體雙重架構，技術文化及其背後的社會經濟脈絡，可
能反倒損害安全、價值、自由的言論空間。針對技術所帶來的正負影
響，Foss與Turner從邀請的語藝學中提出了解決方案。

🌳 三、邀請的社會在場作為解決方案

為了面對當代行動通訊技術構連起的多模態傳播環境（mul-
ticommunicative environment），那種正負情愫交融（ambiva-
lence）、曖昧模糊（ambiguity）的溝通情境（葉啟政，2013），
Turner與Foss（2018）試圖運作一種可以引起大眾注意力的方式，向
他人展現自己，他們從社會關係媒介化的思考中，引申出「注意力的
社會在場」（attentional social presence）之概念，以捕捉當代社交
行為所涉及的所有行動。此概念有四個社會在場類型，分別為算計
的社會在場（budgeted social presence）、給予的社會在場（entitled
social presence）、競爭的社會在場（competitive social presence）
與邀請的社會在場（invitational social presence），各自描寫了不同
的注意力形式的社會建構（請見表9-1）。

「算計的社會在場」，描述某種強調權衡分配的溝通狀態，其指
涉傳播者身處在一個多元管道的對話環境中。算計的社會在場範圍廣
大，在很多時候，只要我們打開任何數位機器或是特定的傳播設備，
便開始進行交流，甚至可以混合面對面的實體互動。在這種社會在場
中，人們努力地協調關係，積極控制自我的可用性（availability）。

也就是說，在一個多模態的傳播技術形態下，傳播者可能更在意自身傳播內容的成本與價值，針對控制與他人的互動，透過考量計算時間與力氣，兼顧管理多種資訊流通的方式，企圖達到最有效、有用的互動交流。

表9-1　四種注意力的社會在場

	算計的 社會在場	給予的 社會在場	競爭的 社會在場	邀請的 社會在場
焦點	溝通者的可用性	環境	訊息	聽眾
關鍵策略	管理訊息	阻止相競爭的訊息	創造引人注目的訊息	訴諸邀請；創造安全、價值與自由
與聽眾的關係	管控可用性；從上而下控制	不對稱；上與下的關係；從上而下控制	不對稱；上與下的關係；從下而上控制	平等；潛在的夥伴；超越控制

而「給予的社會在場」，則是指稱某種給予特定議題的溝通情境。傳播者透過調整環境，來解決受眾的注意力問題。這種社會在場的關鍵策略，時常是減少與限制傳播環境中的資訊數量。其所產生的社會關係，並不是與聽眾進行訊息上的競爭，而是一種由上而下的「授予」。也就是說，傳播者透過限制受眾與其他訊息的交流，來強化自己與受眾的權力關係，例如在社群媒體Facebook中可以透過「建立社團」的功能，保障自己的資訊可以有效傳遞，減少其他內容剝奪受眾的注意力。

第三種注意力的社會在場，是「競爭的社會在場」，其指涉在多元互動交流的情境中，為了因應受眾注意力的缺乏，傳播者會致力於他們欲傳達的訊息本身，讓內容看起來更加地引人注目。這樣的語藝策略形成一種競爭性的不對稱關係。善於競爭的溝通者，通常選擇說

服的策略以攻克其他傳播者的訊息，並以受眾為尊，透過對訊息的精心設計，討好人們的注意力。與給予的社會在場不同的是，在競爭的社會在場中，受眾握有選擇的優勢，也就是說，當人們覺得你不再有趣時，便逕自轉移注意力到更令人著迷的內容上了。

對於Turner與Foss（2018）而言，前面三種注意力的展現都不是當代數位溝通情境中最合宜的姿態，他們推崇的是一種「邀請的社會在場」。這種社會在場的運用方式，會將焦點關注在受眾本身，傳播者邀請受眾與他們互動，努力於理解他人，進而產生真實的交流。如果邀請被接受，那麼他們便共同擁有一個平等的互動關係。根植於邀請語藝學的邀請式社會在場，傳播者的目的並不在於說服或改變他人，而是試著理解他人的觀點（Foss & Griffin, 1995）。

Turner與Foss（2018; 2020）認為，當傳播者決定要使用邀請式社會在場時，他們會專注於同一個傳播途徑、關注於同一群受眾、運用更多的時間，以達到與他人全然的交流。交流的本質必定是開放性的，傳播者與受眾都自主的願意離開原本所具有的界線，有意識地尋求多樣的（variety）、新穎的（newness）、自發的（spontane-ity）、令人驚訝的（surprise），甚至是使人難以接受的異議，在這個情況下，才可能邁向意見的真正交換。

Turner與Foss（2018; 2020）在邀請語藝理論的基礎上，提出了一個面對當代數位溝通情境的倫理準則，他們強調「平等互惠原則」（the principle of egalitarian reciprocity），唯有承認人們在溝通傳播上的互相依賴，共同協作參與意義的生成與關係的培養，所謂的公共性（publicness）方能顯現，也足以呼應著Burke所言之「實質共享」（consubstantiality）。

第五節　結語：公共溝通的實現

　　本章節從社群媒體的各式溝通實踐切入，略探不同社群媒體平台的傳播特質，再引入語藝文類的分析途徑，離開對大眾傳播經典模型的理解，進入多元靈動的當代社群媒體傳播典範，亦試圖透過「技術與文化架構」與「社會經濟結構」的雙重觀點，更貼近地描繪我們已然居存其中，即由社群媒體所構造起來的連結文化。這個由社會互動建構的符號社群文化，早已離開單純僅是具有物質性的群聚類型，而是更加地聚焦於網絡化社群所共享的價值、想像與意義上。

　　透過社群媒體的數位連結，社群與個人、生產者與使用者、言者與聽者、傳播者與受眾已不那麼涇渭分明，人們回歸生活話語，多元異議紛呈，社會關係快速流動聚散，卻也使得公共性得以深化與擴大（沈錦惠，2007）。本文在文末留給讀者自己思考的，可能並非數位時代中公共溝通的實現與否，而是媒介技術的演進究竟如何改變了我們的存在方式？我們又該如何安然處世？或許，邀請的語藝學提供了一個值得借鏡反思的切入點。

參考文獻

一、中文部分

沈錦惠（2007）。**電子語藝與公共溝通**。臺北市：天空數位圖書。

林日璇（2017）。你怎麼加臉書「好友」？連結策略與感知社會支持及心理幸福感的關聯性。**資訊社會研究**，**32**，頁113-149。

林瑋嬪（2016）。網路人類學：網路、社群與想像。考古人類學刊，**85**，頁1-15。

金麟（2018）。年輕世代的行動攝影實踐與美感想像：以Instagram使用者為例。**傳播文化**，**17**，頁90-121。

曹家榮（2017）。《婉君妳好嗎？給覺醒鄉民的PTT進化史》書評。**考古人類學期刊，86**，頁183-190。

黃厚名（2016）。**婉君妳好嗎？給覺醒鄉民的PTT進化史**。臺北市：群學。

葉啟政（2013）。**象徵交換與正負情愫交融：一項後現代現象的透析**。臺北市：遠流。

二、外文部分

Alexander, B. & Levine, A. (2008). Web 2.0 storytelling: Emergence of a new genre. *EDUCAUSE review*, *43*(6), 40-56.

Blassnig, Sina; Ernst, Nicole; Engesser, Sven; Esser, Frank (2020). Populism and social media popularity: how populist communication benefits political leaders on Facebook and Twitter. In Richard Davis and David Taras (eds.), *Power Shift? Political Leadership and Social Media*. New York, NY: Routledge, 97-111.

Blazouez, F., Rodriguez, C., & Teijeiro, M. (2020). A new era of communication in higher education. Facebook as a marketing tool. *Revista ESPACIOS*, *41*(06).

Bruns, A. (2008). *Blogs, Wikipedia, Second Life, And Beyond: From Production to Produsage*. Peter Lang.

Eyman, D. (2015). *Digital Rhetoric: Theory, Method, Practice*. University of Michigan Press.

Foss, S. K. & Griffin, C. L. (1995). Beyond persuasion: A proposal for an invitational rhetoric. *Communications Monographs*, *62*(1), 2-18.

Foss, S. K. & Turner, J. W. (2020). Challenges to the enactment of invitational rhetoric in the age of mobile communication technologies. *Inviting Understanding: A Portrait of Invitational Rhetoric*, 157-179.

Gilmour, J., Machin, T., Brownlow, C., & Jeffries, C. (2020). Facebook-based social support and health: A systematic review. *Psychology of Popular Media*, *9*(3), 328.

KhosraviNik, M. (2014). Critical discourse analysis, power and new media discourse. In Y. Kalyango and M. Kopytowska(eds.), *Why Discourse Matters: Negotiating Identity in The Mediatized World*, 287-306.

KhosraviNik, M. (2017). Social media critical discourse studies (SM-CDS). In John Flowerdew and John E. Richardson(eds.), *Handbook of Critical Discourse Analysis*, 583-596.

KhosraviNik, M. & Unger, J. W. (2016). Critical discourse studies and social media: Power, resistance and critique in changing media ecologies. *Methods of Critical Discourse Studies*, 205-233.

Lomborg, S. (2011). Social media as communicative genres. *Mediekultur: Journal of Media and Communication Research*, *27*(51), 55-71.

Man, J. (2010). *The Gutenberg Revolution*. Random House.

Miller, C. R. (1984). Genre as social action. *Quarterly Journal of Speech*, *70*(2), 151-167.

Ryan, K. J. & Natalie, E. J. (2001). Fusing horizons: Standpoint hermeneutics and invitational rhetoric. *Rhetoric Society Quarterly*, *31*(2), 69-90.

Shearer, E. & Mitchell, A. (2020). News Use Across Social Media Platforms in 2020. From: https://www.journalism.org/2021/01/12/news-use-across-social-media-platforms-in-2020/（2020/02/03）

Sorokowski, P., Sorokowska, A., Oleszkiewicz, A., Frackowiak, T., Huk, A., & Pisanski, K. (2015). Selfie posting behaviors are associated with narcissism among men. *Personality and Individual Differences*, *85*, 123-127.

Standage, T. (2013). *Writing on The Wall: Social Media-The First 2,000 Years*. Bloomsbury Publishing USA.

Strandberg, K. (2013). A social media revolution or just a case of history repeating itself? The use of social media in the 2011 Finnish parliamentary elections. *New Media & Society*, *15*(8), 1329-1347.

Turner, J. W. & Foss, S. K. (2018). Options for the construction of attentional social presence in a digitally enhanced multicommunicative environment. *Communication Theory*, *28*(1), 22-45.

Van Dijck, J. (2013). *The Culture of Connectivity: A Critical History of Social Media*. Oxford University Press.

White, C. L. & Boatwright, B. (2020). Social media ethics in the data economy: Issues of social responsibility for using Facebook for public relations. *Public Relations Review, 46*(5), 101980.

Wilson, R. E., Gosling, S. D., & Graham, L. T. (2012). A review of Facebook research in the social sciences. *Perspectives on Psychological Science, 7*(3), 203-220.

Yates, J. & Orlikowski, W. (2002). Genre systems: Structuring interaction through communicative norms. *The Journal of Business Communication, 39*(1), 13-35.

Yates, J. & Orlikowski, W. J. (1992). Genres of organizational communication: A structurational approach to studying communication and media. *Academy of Management Review, 17*(2), 299-326.

Zuboff, S. (2019). *The Age of Surveillance Capitalism: The Fight for A Human Future at The New Frontier of Power.* Profile books.

第十章

網路公共領域與數位語藝

李佩霖

第一節　公共領域的概念及其沿革

　　在數位時代中，網路公共論壇及社群媒體儼然成為一個虛擬與真實交錯的場域。它們自然是虛擬的，因為所有發生在其間的行為都發生在透過網際網路串聯起來的賽博空間（cyberspace）中，而非發生在真實世間的任一空間、場景或地點。但它們同時也是真實的，因為扣除AI技術，所有參與其中的行為皆由具有血肉之軀的人類所完成；並且，許多在網路公共論壇及社群媒體引發熱烈討論的議題皆來自真實世界，而很多在網路公共論壇及社群媒體中討論的結果，會返回去影響真實世界中事件的發展。那麼具有公共議題討論性質的網路公共論壇及社群媒體是否屬於公共領域？公共領域這個概念的發展為何？我們又是如何秉持數位語藝觀點來理解後真相時代下網路公共領域呢？以上這些問題需得先從Jürgen Habermas所提出的「公共領域」的概念開始討論起。

　　身為德國法蘭克福學派傳人的Habermas，在1961年提交了教授資格論文給馬堡大學（University of Marburg），並以此論文為基礎，補強了對於公共領域的相關哲學論述，並在1962年出版了《公共領域的結構轉型》（德文原書名：*Strukturwandel der Öffentlichkeir*）一書。根據汪行福（2002）的看法，Habermas的這本著作將「公共領域」的概念置於社會學、經濟學、政治學及憲法理論等跨學科領域中，並以此分析「資本主義自由憲法國家的命運」（頁48）。而Habermas與前輩學者們最大的不同之處，則是在此書中展現出對西方法治國家中民主及憲政體制的好感（曾慶豹，1998）。中岡成文（1996/2001）認為，Habermas的這本著作甫出版就廣受歡迎，其原因在於出書當時正值「學生運動高漲及新保守主義逆歷史潮

流而動的過程中」（頁222）。但此書遲至1989年才被翻譯成英文，引進英文學術界中。

按照Habermas（1990/2002）的定義，公共領域的特質是公共性，其本身即為一個獨立領域，它既不屬於私人領域，也直接對立於公共權力機關。換言之，Habermas認為公共領域介於私人領域與公共權力領域之間。這個「公」與「私」的概念，則可一路回溯至古希臘時代，當時的城邦（polis）政治制度不但允許公民公開的討論公共事務，同時也使得「自由民所共有的公共領域（koine）和每個人所特有的私人領域（idia）之間涇渭分明」（Habermas, p.3）。在可供自由公民對公共事務公開討論或辯論的公共領域中，Habermas指出，公民可以平等交往，且亞里斯多德所制定的德行標準也只有在此制度中才得以有效實踐。但張錦華（1997）則提醒，在當時得以參與公領域之公共事務討論的權利，僅屬於少數在私領域中掌握經濟特權的公民，並非全體人民。

Habermas認為公共領域一共有三種類型，以上古希臘時期的公共領域是為第一種類型；第二種類型的公共領域則發生在中世紀的封建體制下；第三種類型則起於資本主義逐漸抬頭之時（曹衛東，2001）。在中世紀時，封建的君主體制使得與私人領域分離的公共領域不復存在，Habermas將那種依附於領主、精神領袖、教士、騎士等特定階級的公共領域稱之為「代表型公共領域」，而其特徵為「他們在民眾『面前』所代表的是其所有權，而非民眾」（Habermas, 1990/2002, p.9）。因此，在代表型公共領域中，各種儀式性的活動、權力象徵物件，以及能展現其階級的語言與行為舉止，顯得格外的重要。直至文藝復興時期以降，上層的貴族階級已不再代表封建特權，這時代表型公共領域的主要任務是代表君主，其發生的場域主要為君主的宮廷活動。根據曹衛東的說法，此時公與私的界線不分，並在君主身上高度統一，直至十五世紀的法國宮廷達到成熟及巔峰狀態。Habermas則指出，由於早期資本主義所形成的民族與主權國家

制度，使得封建君主的絕對統治權產生了動搖，因此以君主爲中心的代表型公共領域侷限於以宮廷活動爲主，並從國家觀念分離出來，形成了現代意義上的公共領域與私人領域之分野。

在進入具有現代意義的公共領域之前，根據Habermas（1990/2002）的看法，文學公共領域（Literarische Öffentlichkeit）是爲具有政治功能的公共領域之前身。在文學公共領域中，資產階級知識分子透過在俱樂部之類的社交場域中，經由對文學、藝術或出版品的評論、交談、討論等等，拓展私人性的閱讀經驗。如同童世駿（2007）所言，「私人聚集在一起形成公眾」（頁213），成爲其後來拓展成具有政治功能的公共領域的發展要件。在從私人閱讀經驗拓展到成爲「公眾」的過程中，報刊雜誌的發行是爲重要的仲介機制，因此當人們在早先就建置完成的社交行場域中進行以文學爲主的討論或批評時，Habermas認爲，「源於私人領域的主體性對自身有了清楚的認識」（p.67）。但Habermas說，文學公共領域之所以還算不上眞正的資產階級公共領域，主要的原因在於它〔文學公共領域〕尚無法完全獨立於以王室爲主的代表型公共領域。

到了十七世紀中葉之後，英國的咖啡館、法國的沙龍，以及德國的學者型社團，其功能都從原先的文學討論或批評，拓展到政治及經濟的內容（楊深坑，1997）；而在上述場域進行批評或討論的過程中，Habermas（1990/2002）認爲，「一個介於貴族社會與市民階級知識分子之間的有教養的中間階層開始形成了」（p.42）。至於政治公共領域的逐漸成形，則與外在的制度亦有所相關；簡而言之，從十八世紀開始，西方的封建制度逐漸走向「國家」與「社會」分離的道路。具有政治功能的公共領域，與市民社會的發展歷程息息相關，因此在公共權力的領域，其範圍逐漸縮限於國家的權力機構，在私人領域方面則包括狹義的市民社會中的商品交換與社會勞動，亦包括家庭內的私生活。也就是說，市民社會中的商品自由交易以及勞動力從公共權力機構中被解放出來，且形成一種政治制度，乃爲「具有代議

制政府形式的資產階級法治國家的組織原則」（Habermas, p.96）。
也就是說，具有政治功能的公共領域從私人領域中分離出來，形成介
於私人領域及公共權力領域之間的非實體空間。

　　在這樣的資產階級公共領域中，就理想性的狀況來看，是一個任
何公民皆可共同參與理性論辯的場域。楊深坑（1997）概述了資產
階級公共領域的理想運作模式：

> 公共領域的開放因而是以言論和集會結社的自由為先決條件，
> 它也保障了所有公民能夠自由的參與政治事務的論辯與決策。
> 在一個公民社會中，公共領域制度化而為民主憲法秩序，保障
> 了更廣泛的政治參與，同時在這個秩序下，也建立司法制度，
> 以調節不同個人、不同群體，以及個人、群體和國家之間的利
> 害衝突與統合。（頁96-97）

　　根據曾慶豹（1998）的看法，公共領域需具備兩項功能：首先
是批判性的功能，也就是說，資產階級在公共領域中以理性的立場討
論公共政策，以抵抗國家統治權力。再者，公共領域需具言說論辯的
功能，藉由公眾自由的討論模式以形成對公共議題或政策的共識，以
抵抗來自公共權力機構的干擾。因此在公共領域中，參與公共議題討
論的市民們，由於其自身的自律以及具有批判性的意識，將私人意見
經由言說論辯的形式，逐漸匯集成具有公共性質的集體共識，這便是
所謂的公眾輿論。Habermas（1990/2002）是這樣解釋公眾輿論的：
「公眾輿論是社會秩序基礎上共同公開反思的結果；公眾輿論是對社
會秩序的自然規律的概括，它沒有統治力量，但開明的統治者必會遵
循其中的真知灼見。」（p.124）也就是說，在公共領域中，民眾經
過集體論辯形成公眾輿論，統治者則回應公眾輿論並調整其政策在這
樣的狀況下，在公共領域所形成的公眾輿論，在國家統治權力與市民
社會中，起了重要的調節功能。

　　而想要吸引更廣泛的公民參與，也就是想要達到公共領域之「公共性」。按照Habermas（1990/2002）的說法，公共性的意思是「所有人的經驗目的都應當在知性上達到統一，法律應當從道德中產生出來」（p.150）。在這個面向上，Habermas主要引述康德的政治哲學理念作為公共性的理論依據。根據康德的看法，法律之所以能夠起著合法保護人民的功用，主要在於立法者一方面被其內心的道德規範約束，一方面要將其所制定的法律條文回應公眾輿論，並符合公眾輿論的期待（汪行福，2000）。且由於立法之類的政治行為必須回應公眾輿論，因此每項政策的制定及政治權力的行使都必須具備公共性。換言之，沒有公共性的法律或政治制度，也就失去了正當性及正義性。

　　根據Habermas的看法，二十世紀的轉變在於缺乏以閱讀為基礎的公眾討論，雖然公共批判的趨勢依然存在，但已然具有商品形式。而這一切的發生與大眾媒體脫不了干係，因為大眾媒體的普及使得廣大的民眾得以參與公共領域，但這會使得公共領域喪失其政治功能。因此Habermas（1990/2002）認為，「大眾傳媒塑造出來的世界所具有的僅僅是公共領域的假象，即便是它對消費者所保障的完整的私人領域，也同樣是幻象」（pp.222-223）。大眾媒體所塑造出來的集體幻象，使得公共領域與私人領域因此重疊，這使得資產階級公共領域發生了結構轉型，因為公眾的批判意識被傳媒資訊的娛樂性所逐漸消弭，當人們的生活充斥在商品化的內容之中，他們逐漸轉變成消費大眾，隨著被精心規劃的廣告內容而起舞。

　　Habermas的這本《公共領域的結構轉型》，在學術領域引起了很大的迴響，但也不是毫無批評的聲浪。舉例來說，Boy-Barrett（1995/2004）便認為，Habermas對於大眾傳媒的評論太過悲觀。女性主義者們，例如Fraser（1995），則認為Habermas的公共領域概念過於男性至上，女性在這當中被賦予一個從屬於男性的地位。Thompson（1995/2004）總結了關於Habermas之公共領域概念的批

評：首先，Habermas所提出的公共領域過分關注資產階級公共領域，但忽略了不屬於資產階級的社交活動也有可能形成其他形式的公共輿論；再者，Habermas理想的資產階級公共領域太過於菁英化及階級性，僅有少數受過教育的菁英階級參與，而且將女性角色排除在外；第三，Habermas認為大眾傳媒使得公共領域被「再封建化」，但這樣的論述太過刻意放大個體的服從性，忽略閱聽眾訊息接收過程的複雜度；最後，Habermas對於公共批判原則所提出的建言，並不適用於內部條件各不相同的現代社會，因此實踐性不高。

　　但無論如何，Habermas對公共領域形成至結構轉變的精闢分析，仍有助於我們理解公共輿論的形成，以及後續大眾傳媒的影響。隨著網路世代的來臨，人們接受資訊的來源已從大眾傳播媒體轉向多元形式的網路消息來源；他們討論公共議題的方式也從生活世界的實體空間轉向網路世界的虛擬空間。面臨網路科技給人類的溝通模式所帶來的巨大轉變，Habermas的公共領域概念也因為數位化而再次引起關注。

第二節　公共領域的數位化轉向

　　科技的發展使得人類的溝通模式從根本上發生了變化，特別是個人電腦及網際網路的發展，讓人類互動行為從真實的生活世界拓展到虛擬空間。根據Warnick（2002）的說法，大約在二十世紀的80年代中期，網際網路所形成互聯網路造就了賽博空間。這個詞首見於William Gibson在1984年發表的小說，用來形容一個由電腦網絡所形成的想像式虛擬空間。後來這個術語在休閒、科技、商業、電腦資訊等面向都引起了廣泛的討論；至於在學術領域，則注重在這之間所引發的倫理、政治、民主、控制、媒體近用權、社群建構等議題

（Brooker, 2002/2003）。Cavallaro（2001/2006）將賽博空間定義爲一種觀念性而非地理性的存在，「〔它〕是通過電子手段來生產和傳播的所有數據的總和……既是空間又不是空間。它與其說是一種場所，倒不如說是一種媒介」（p.170）。因此，賽博空間是由所有的參與者藉由網際網路的連結而建構出來的，它並不是一種先於參與者而存在的實體空間概念。

沈錦惠（2009）則認爲，這個由電腦及網路所建構出來的空間，除了是一種媒介之外，還是一種情境（context）；這種「媒介即情境」的特性，最直接的反應是「使符號的意義趨向浮動，首先受到衝擊的，應是資訊和現實之間的對應關係」（頁63）。正因爲賽博空間這種介於虛擬及眞實之間的特性，人們的互動交往模式也與其在生活世界中有所不同，但怎麼個不同法，則有不同的論點：有些人認爲，賽博空間使得有著相同興趣的人們互相吸引，造就了分眾化；另一種論點則認爲，賽博空間促進了全球化的進程（Cavallaro, 2001/2006）。沈錦惠的看法比較趨向第一種，她認爲在賽博空間（她將之稱爲「電子環境」）中所形成的社群，基本上取決於參與者的興趣、品味及偏好，而這種選擇的自由，對社會或人際關係都產生了影響。

進入二十一世紀之後，智慧型手機使得人們在連結網際網路的技術層面上更上層樓，而社群媒體的發展除了更加模糊了眞實的生活世界及虛擬網路空間，也更增進了網路社群意識。人們改變了社交及人際互動的公共溝通模式，對於自我及社群的連結也隨之變化。舉例而言，Zappen（2005）認爲，在網際網路連結的數位空間中，人們有更多元的自我表現機會，以及吸引他人的方式，而這有助於「探索個人和群體的身分認同，並透過參與及進行創造性的合作，建立共同利益的社群」（p.322）。沈錦惠（2009）在探討數位時代的語藝特質時則說道，相對於大眾媒介（mass media），Web2.0及手機上網的功能，帶動了個人媒介（personal media）的來臨；但個人媒介的意

義遠非僅止於個體層面，而是在於人們可以輕易地透過「上網」這個動作進行社會性的參與及連結，因此促使人們在賽博空間中「意識到他者的存在，並重新思考自我與他人、個人與社群的關係，以及知識屬於共構、真理必須同覓的實情」（頁230）。

由此可知，網際網路所形成的賽博空間與人類真實的生活世界並非是二元對立的存在，而是「生活世界的延伸」（沈錦惠，2009，頁231）。因此在賽博空間中，人們同樣的能夠主張個人的主體意識，並透過網際網路的連結形成社群，且這種網路社群同樣的能夠造就公共議題的論辯及批判。沈錦惠因此主張，雖然Habermas在討論公共領域時注重其結構及制度，但回歸其本質，是在探討「一個專供自由人言行互動的場域」（頁70）。由於科技技術所帶來的時代變化，只要能夠使人們聚集在一起，透過言說論辯以形成集體共識，那麼公共領域不必然是一個實體空間（例如咖啡廳、沙龍、廣場、議事空間等等）的存在。只要具有公共領域的必要條件，那麼藉由網際網路連結的賽博空間也可以是公共領域，這也就是公共領域的數位化轉向。

根據周桂田（1997）的論述，公共領域的沒落主要肇因於現代社群對於社會認同產生了認知落差，進而導致了社會溝通的不良，而同樣的問題同樣發生在因網際網路連結所產生的網路社群當中。周桂田從本體論、認識論及實踐面向，探討了公共領域及網路社群的連結性，並從而建構網際網路中的公共領域（見表10-1）。

從表10-1可以看出，透過網際網路所形成之賽博空間的社群中，在空間上與大眾媒體上類同，具有全球化的跨地域特質；而只要具有可連線上網的設備及技術，參與者隨時可進入及離開網路社群，因此具有與其他場域不同之去時間性特質。但除此之外，若從本體論面向去探討溝通互動層面，那麼網際網路社群與市場、集會場、沙龍、咖啡屋等公共領域一樣，具有參與者互為主體性的特徵。若從認識論來看，那麼相較於大眾媒體，公共領域及網路社群的參與者具有自主對

表10-1　不同實踐場域中的公共領域及其差異

	本體論／空間	認識論	民主實踐
市場、集會場（agora）	地域性／時間性／互為主體性	自主／對話／去中心	直接民主／政治實踐積極／認同社群
沙龍、咖啡屋	地域性／時間性／互為主體性	自主／對話／去中心	直接民主／政治實踐積極／認同社群
早期報業媒體	地域性／時間性／客體性	訊息接受／中心化	代議民主／溝通實踐消極／認同趨弱
大眾媒體	跨地域性／時間性／客體性	訊息接受／中心化	代議民主／溝通實踐消極／認同危機
網際網路（Internet）	跨地域性／去時間性／互為主體性	自主／對話／去中心／匿名性	直接民主／政治實踐積極／認同多元社群

資料來源：引自周桂田，1997，頁5。

話及去中心的特質；但由於網際網路的操作特性，參與者在賽博空間中雖有實質互動，但面對面並非必要條件，因此隱藏真實身分的匿名性成了網際網路社群的特徵。至於在民主實踐上，網際網路類同於市集、沙龍等公共領域，具有直接民主及積極地進行政治實踐的特質，但由於其「跨地域性與去時間性的科技特質，使得網路在民主實踐的層面上更勝於早期的公共領域場所，有塑造多元文化社群的能力」（黃啟龍，2002，頁91）。由此可知，雖然網路科技使得參與者在溝通的面向上，脫離了面對面的互動模式，但在本質及實踐面向上，賽博空間中的社群溝通大致上仍具備了Habermas所論述之公共領域的特性。

　　從下列周桂田（1997）的一段論述中，顯示出網路社群活潑、自主、積極、多元的特質：

　　　　網路參與者的時間觀往往是自主的、主動性的。它〔他〕們根
　　　　據自己的立場，無論是社會背景、階級或理念觀點，選擇自己

　　關心、喜愛的場域投入對話和溝通；他們並不侷限在正統、專業、偉大的議題論述中，而可以加入哲學討論群、同性戀群、環境運動群、女性主義群、原住民群，甚至神祕宗教群中。在這種去中心化和匿名的參與形式中，可以隨時加入，也可以隨時退出。這種實踐認識觀是相當活潑的，並具有辯證的學習效果。也就是參與者並不用完全受社會立場的影響，甚至將之當為先驗的、設準的規定；相反的，它〔他〕們是從做中學習、從討論中發展出一個論述社群的邏輯。（頁6）

　　上述的描述似乎十分符合Habermas所描述之理想的公共領域。然而，就如同Boczkowaski（1999）所言，透過電腦中介的傳播行為（Computer-mediated communication）是一種社會現象，它是由於科技發展及用戶行為之間的相互作用而產生的，所有介於其中的實體都可能在關係發展過程中的某個時刻相互影響。這種藉由網路連結中所形成的傳播行為，一方面讓人們在網路社群中的討論更加的自由、民主及多元，但另一方面，由於去時空性、跨地域性、匿名性等等的相互影響因素，也使得網路社群中的溝通、論述及形成共識的過程，充滿了變數。

　　事實上，網際網路社群畢竟不是一個超然的虛擬空間，只要社群的組構者及參與者是人，那麼與實體生活世界中所有的人類社群一般，必然有權力及反抗權力的存在。若要深入的理解論述及其權力結構，除了單就從Habermas的公共領域理論出發之外，數位語藝的觀點將有助於研究者從一個更加微觀且批判的觀點去理解網際網路這個數位公共領域中所發生的人際溝通及互動行為。

第三節 後眞相時代下的網路公共領域與數位語藝

　　就如同傳統語藝觀點能夠協助理解人類如何使用象徵符號傳達訊息，新語藝運動之後的相關理論鼓勵研究者從批判的觀點去理解語藝文本中隱而未宣的動機及目的。到了數位化的網際網路時代，語藝隨之進入了數位化的轉向；而數位語藝觀點引領研究者更深入的思考實體生活世界中的社會情境如何影響人們在網路世界中的行為及溝通模式，進而探索數位公共領域中的論述形構。若要從數位語藝的觀點來理解數位公共領域，必須先正視網路社群的特性，以及其對於網路公共領域之數位語藝文本所造成的影響。此外，根據學者們對於網路公共領域所提出的批判，此一小節也將探討網路社群所形成的同溫層現象，與現今之「後眞相時代」（post-truth era）的相互關係。

　　數位語藝觀點將有助於我們暸解網路公共領域中之溝通及互動過程的形成，因為就如同Dahlberg（2007）所言，應將網路公共領域視作一種透過論述競爭而成的空間。在這個賽博空間中，是由科技及語藝的雙重建構而成的（Silver, 2005）。因此，Bruner等人（2017）指出，新媒體除了是既有語藝概念的延伸之外，同時也將開展語藝學研究的新方向。Eyman（2015）將數位語藝定義為「將語藝學理論……應用於數位文本和表現上」（p.44）。當我們要秉持數位語藝觀點來檢視數位文本時，我們對網路公共領域之特性的理解，將有助於提升我們對文本之形成、意涵及影響等面向的理解。

　　Barker（2008/2010）在探討公共領域、賽博空間及民主的關係時指出，Habermas的公共領域概念基本上被理解成一種可以用民主的方式相互討論及交換意見的空間；而網際網路在本質上「是一種民主的科技」（p.399）。Barker因此指出，有兩種對於網路公共領域

與民主概念持有正向觀點的看法：第一，數位公共領域中維持Haber-mas之公共領域的核心原則，但能夠更廣泛的討論及傳播資訊，以使選民得到更好的民主教育。再者，數位公共領域比Habermas所提出之公共領域概念更形擴大，且具有多重形式，成為一個新的空間，這使得在現實生活中可能被排拒的群體更有發聲的管道。林宇玲（2014）也說，這種樂觀的看法主要是認為賽博空間中的網路社群討論，跨越了地理及社會階級的限制，經由資訊分享及議題審議而形成共識，這便重現了Habermas所提及之「十八世紀歐洲布爾喬亞公共領域（bourgeois public sphere）的光景」（頁58）。

　　然而，這種「網際網路被歡呼為一個新的社會空間，不受任何權力中心的控制，而是本質上完全開放和民主的」論述（Barker, 2008/2010, p.400），也不是無人質疑。舉例來說，Dahlberg（2007）雖然也同意網際網路提供使用者更多的機會去展現他們的多元論述，從而實質上的拓展了公共領域的意涵；但他也說，網路社群中所聚集的是一群志趣相同（like-minded）的人們，相同或類似的言論將使得數位公共領域孤立化及碎片化，因而只強化了該群體內的人際互動及參與，卻無法實踐真正的公共批判。Papacharissi（2002）也指出，網際網路的確可能重新復興公共領域，但存取資訊及資料檢索的功能，可能限制了人們公平的獲得完整訊息，從而影響它們對公共議題的理解及討論。其次，雖然網路社群的跨地域化使得任何人在任何的時間、空間都可以介入公共議題的討論，使得政治討論更加的多元，但是也造成了言論的分散及斷裂。最後，全球資本主義對網際網路的技術有直接的影響，但這種影響可能是負面的，因為這些新科技的技術被用於商業導向，無助於促進對政治或公共議題的討論。

　　的確，當我們對日新月異的網路新科技歡欣鼓舞，並對網路社群言論多元性抱持著樂觀主義觀點的同時，我們也必須正視在網路公共領域中，因為訊息存取技術不平等及資本主義導向等種種因

素，所造成的言論零散化及破碎化的現象；更有甚者，網路公共論壇所具有的分眾性特質，可能使得網路社群所產生的言論更加的狹隘或偏激，甚至產生仇恨言論，引發在現實生活中的憾事。就如同林宇玲（2014）所說，許多網路上的公共論述時常流於激情、淺薄且充滿揣測，而且個人隱私常常因為網友的人肉搜索而曝光。楊意菁（2008）的研究也顯示，在網路社群中，網路公眾的ID不僅展現出匿名性的特性，也呈現出多重的主體認同。Ermarth（2001）使用「繁複多重主體性」（anthematic subjectivity）來展現生活世界中的多重自我論述；而沈錦惠（2007）則將「繁複多重主體性」的概念延伸至網路公眾。因此，每個網路ID都展現出這位網路使用者的身分認同；但這種虛擬世界中的身分認同卻是複雜且多樣的，它有可能是真實生活的延續，有可能在離線、線上展現完全不同的樣貌，甚至同一個人可能在不同的網路社群中使用不同的ID，發表論點彼此矛盾或截然不同的論述。這種複雜且多重的主體認同，無疑增加了判讀數位語藝文本的難度。

除了認知到網路使用者的多重主體性以及匿名性所造成的影響之外，社群網路的興起，使得網路空間中的人際互動同時具有公、私領域的特質。按照Warnick與Heineman（2012）的看法，私人部落格（personal blogs）、社交網路（social networking）及行動通訊（mobile communication）不屬於公共領域，主要原因在於其內容並不一定要供公眾審議。然而，許多社群媒體的使用者使用自己的帳號轉發新聞或資訊、撰寫評論，並且在回文中與留言者進行論辯。這使得網路社群媒體中的人際互動除了保有私人社交性之外，不可否認地也具有一定程度的公眾性。這種公、私領域界線模糊的特性，更增添了理解及分析語藝訊息的困難度，更使得網路公共領域的論辯陷入「真相越說越不明」的後真相時代。

《牛津辭典》將「後真相」（post-truth）選為年度代表字彙；根據McIntyre（2018/2019）的解釋，後真相一詞的「後」並沒有指

涉時間性，「而是眞相已經黯然失色，變得無關緊要」（p.16）。
Macdonald（2018/2018）則以「矛盾眞相」一詞來解釋後眞相的意
涵，他指出「每個故事都有許多面向，換個說法就是，『任何一組事
實都可以推論出不只一個眞相』……在許多情況下，有各式各樣眞
誠的（甚至也許是公平的）正當方式，可以用來描述一個人、一件
事、一樣東西或一項政策」（p.15）。在各式各樣的網路社群中，使
用者們靠著自己搜尋或別人投餵，接觸到海量的資訊。但值得注意的
是，這些資訊中充斥著各式各樣的錯誤訊息。按照Stahl（2006）的
解釋，這些錯誤訊息又可以分成不當資訊（misinformation），意指
偶然的錯誤訊息，以及虛假資訊（disinformation），意指故意散布
的錯誤訊息。這些不當資訊或虛假資訊，透過使用者不斷的分享及轉
發，在網路世界中持續拓展觸及的面向，其影響力亦不斷的延伸。

　　現今傳統媒體的式微，人們逐漸依賴社群媒體作爲訊息來源
的主要管道，這也使得新聞及輿論的分界難以判別（MaIntyre,
2018/2019），因爲人們轉發的「新聞」很有可能沒經過嚴謹的查
核，僅是來自私人部落格或來源不明的內容農場。就如同葉乃靜
（2020）所言，人們已經從資訊時代走向經驗時代，因此「所謂的
眞實（reality），其實只是一種『選擇』，人們選擇想要消化的資
訊。『選擇』有時就不是理性的」（頁103）。而社群媒體演算法的
發展更是推波助瀾的將人們的「選擇」推向極端。

　　根據黃哲斌（2019）的看法，由於人們依賴社群媒體取得資
訊，以及在現實世界中人際關係的疏離，再加上社群媒體演算法會根
據人們網路使用習慣、資訊偏好、社交連結等資訊篩選資訊，因此
「不同意見者容易自動隔絕彼此，難以交流對話……漸漸集結形成
『同溫層』，各自『抱團取暖』，各自打造回音室，因而錯估形勢，
誤以爲自己是主流意見，不願聽見外界聲音」（頁218）。從近年來
國內、外的一些社會運動、公共議題討論或競選活動中，即可清楚觀
察到這種同溫層效應的影響，以及對網路公共領域中關於理性論辯的

不良影響。

　　以臺灣在2018年的婚姻平權公投為例，持正、反意見的兩方對於此議題的論戰從真實世界中的社會動員（例如街頭抗議、派報發傳單等等）、言詞交鋒（例如在政論節目上論辯、投書傳統媒體等等），到在網路世界中透過社群媒體平台發聲（例如成立臉書粉絲專頁／社團）、在網路公共論壇（例如PTT、Dcard等等）貼文討論，以及透過即時通訊軟體（例如Line）的群組傳遞圖文訊息。當公投結果公布後，許多年輕世代對公投結果感到震驚及意外，因為這與他們所認知的「主流意見」大相逕庭。之所以有如此的現象，Hsieh（2018）認為主因是網路及社群媒體使用者多屬年輕世代，年長世代就算使用社群媒體，通常也不會積極的在網路上參與公共議題的討論；且華人文化中的「合群」及「不爭」的特質，也使得人們迴避具有爭議性的議題。

　　從上述的案例中可得知，在社群媒體、網路公共論壇或即時通訊軟體中討論公共議題時，會因為使用者的內在偏好以及社群平台演算法等內、外因素的共同影響，在網路公共領域中形成一種看似理性的進行公共議題的審議，但實則形成強化相同意見、排除不同聲音的同溫層現象，這將使得網路使用者們誤認在網路同溫層內所形成的共識是真正的「主流民意」，進而對真實世界中的其他不同意見產生誤判。對於數位語藝的相關研究來說，研究者需留意網路聲量與現實輿論存在著一定程度的落差。此外，在研究方法上，不論是使用傳統的人工審閱數位語藝文本，或如同曹開明、黃玲妹、劉大華（2017）所建議的先使用文本探勘，研究者再以人力進行詮釋與批判的混合取徑，研究者對於後真相時代下網路公共論壇所可能存在的同溫層現象有所認知，將可避免文本選取的偏頗，以及後續進行語藝分析的誤判。

第四節　結語：虛擬與真實的交融

本章首先從Habermas的公共領域概念出發，討論公共領域的發展及沿革，繼而討論網際網路新科技的發展所帶動之公共領域數位化的轉向。然而在網路公共領域中，由於網路社群的特性，特別是匿名性對網路言論的影響，容易使數位語藝的研究者對於有關網路公共議題的文本產生誤判。因此，研究者對於網路公共領域的特性，以及其身處於後真相時代及同溫層的認知，將有助於排除分析數位語藝文本時「見樹不見林」的窘況。

網路已成為現代人們獲取資訊的主要來源，而行動通訊科技的進步，更使得人們隨時隨地可便利的使用網路。在這個網路科技全面普及化的時代中，「快速」，成為人們追求的目標，甚至已經可以說是成為現代人生活的模式，但這也造成了一定程度的危機。首先，在這個事事追求快捷便利的網路時代中，快速且大量來去的資訊，將增加人們查證訊息真實性的難度。再者，網路社群或公共論壇中的匿名性，使得人們因缺乏直接的面對面互動的感官刺激，而傾向更直接的訴諸情感，並可能造成敢言而不負責任的現象。此外，社群媒體平台使得人際互動從私人社交轉成社群互動，但這種透過網路平台或通訊媒體所組建的社群，容易聚合相同意見、喜好或興趣的使用者，因而強化同質性意見，排除異議聲音，從而形成同溫層現象。以上種種都將使得網路公共領域缺乏理性的審議及論辯。

若要以數位語藝觀點來研究網路公共領域中的文本，研究者們需增加對文本認知的多元判讀，其中包括比對網路世界與真實世界中對於同一事件的不同觀點，以及不同網路社群對同一事件所進行的論辯。同時，研究者需全方位的提升資訊及媒體素養，並具備事實查核

的認知能力。在現今的網路時代中，真實世界與網路世界已非二元對立的存在，而是一種相互影響及交融的彼此依存，因此我們在面對數位語藝文本時，需提升己身對整體脈絡的認知，以避免陷入同溫層而不自知，甚至淪為散布虛假訊息的推手。

參考文獻

一、中文部分

Barker, C.（2010）。**文化研究：理論與實踐**（羅世宏譯）。臺北市：五南。（原著於2008年出版）

Boy-Barrett, O.（2004）。「公共領域」的概念化。載於O. Boy-Barrett & C. Newbold（主編），**媒介研究的進路：經典文獻讀本**（汪凱、劉曉紅譯）（頁285-290）。北京市：新華出版社。（原著於1995年出版）

Brooker, P.（2003）。**文化理論詞彙**（第二版）（王志弘、李根芳譯）。臺北市：巨流。（原著於2002年出版）

Cavallaro, D.（2006）。**文化理論關鍵詞**（第二版）（張衛東、張生、趙順宏譯）。南京市：江蘇人民出版社。（原著於2001年出版）

Habermas, J.（2002）。**公共領域的結構轉型**（曹衛東、王曉珏、劉北城、宋偉杰譯）。臺北市：聯經。（原著於1990年出版）

Hsieh, Y.（2018年12月30日）。**台灣2018同志公投案：網路同溫層現象觀察**。取自https://shadesofnoir.org.uk/台灣2018同志公投案：網路同溫層現象觀察。

Macdonald, H.（2018）。**後真相時代：當真相被操弄、利用，我們該如何看？如何聽？如何思考？**（林麗雪、葉織茵譯）。臺北市：三采。（原著於2018年出版）

MyIntyre, L.（2019）。**後真相：真相已無關緊要，我們要如何分辨真假**（王惟芬譯）。臺北市：時報。（原著於2018年出版）

Thompson, J. B.（2004）。公共領域理論。載於O. Boy-Barrett & C. Newbold（主編），**媒介研究的進路：經典文獻讀本**（汪凱、劉曉紅譯）（頁310-318）。北京市：新華出版社。（原著於1995年出版）

中岡成文（2001）。**哈伯瑪斯：交往行為**。石家庄市，河北省：河北教育出版社。（原著於1996年出版）

汪行福（2000）。**走出時代的困境：哈貝瑪斯對現代性的反思**。上海市：上海社會科學院。

汪行福（2002）。**通向話語民主之路：與哈貝瑪斯對話**。成都市：四川人民出版社。

沈錦惠（2009）。**電子語藝與公共溝通**。臺北市：五南。

林宇玲（2014）。網路與公共領域：從審視模式轉向多元公眾模式。**新聞學研究**，**118**，頁55-85。

周桂田（1997）。**網際網路上的公共領域：在風險社會下的建構意義**。論文發表於第二屆資訊科技與社會轉型研討會。取自https://www.ios.sinica.edu.tw/events/seminar/infotec2/info2-5.htm

曾慶豹（1998）。**哈伯瑪斯**。臺北市：生智文化。

童世駿（2007）。**批判與實踐：論哈貝瑪斯的批判理論**。北京市：三聯書店。

黃哲斌（2019）。**新聞不死，只是很喘：媒體數位轉型的中年危機**。臺北市：天下雜誌。

曹開明、黃鈴媚、劉大華（2017）。數位語藝批評與文本探勘共劇：以反核臉書粉絲團形塑幻想主題為例。**資訊社會研究**，**32**，頁9-50。

曹衛東（2001）。**交往理性與詩學話語**。天津市：天津社會科學院出版社。

張錦華（1997）。**公共領域、多文化主義與傳播研究**。臺北市：正中書局。

黃啟龍（2002）。網路上的公共領域實踐：以弱勢社群網站為例。**資訊社會研究**，**3**，頁85-111。

葉乃靜（2020）。後真相時代社群媒體上的假新聞分享行為研究。**圖書館學與資訊科學**，**16**(1)，頁96-112。

楊深坑（1997）。**溝通理性、生命情懷與教育過程：哈伯瑪斯的溝通理性與教育**。臺北市：師大書苑。

楊意菁（2008）。網路民意的公共意涵：公眾、公共領域與溝通審議。**中華傳播學刊**，**14**，頁115-167。

二、外文部分

Boczkowski, P. J. (1999). Mutual shaping of uses and technologies in a national virtual community. *Journal of Communication, 49*(2), 86-108.

Bruner, K. P., McKean, P. R., O'Gorman, N., Pitchford, M. C., & Weickum, N. R. (2017). Old rhetoric and new media. *Rhetoric & Public Affairs, 20*(2), 339-356.

Dahlberg, L. (2007). Rethinking the fragmentation of the cyberpublic: From consensus to contestation. *New Media & Society, 9*(5), 827-847.

Ermarth, E. D. (2001). Agency in the discursive condition. *History and Theory, Theme Issue, 40*(December 2001), 34-58.

Eyman, D. (2015). *Digital rhetoric: Theory, method, practice*. Ann Arbor, MI: University of Michigan Press.

Fraser, N. (1995). What's critical about critical theory? In J. Meehan (Ed.), *Feminists read Habermas* (pp.21-55). New York: Routledge.

Papacharissi, Z. (2002). The virtual sphere: The Internet as a public sphere. *New Media & Soceity, 4*(1), 9-27.

Silver, D. (2005). Selling cyberspace: Constructing and deconstructing the rhetoric of community. *Southern Communication Journal, 70*(3), 187-199.

Stahl, B. C. (2006). On the difference or equality of information, misinformation, and disinformation: A critical research perspective. *Informing Science Journal, 9*, 83-96.

Warnick, B. (2002). *Critical literacy in a digital era: Technology, rhetoric, and the public interest*. Mahwah, N. J.: Lawrence Erlnaum Associates, Publishers.

Warnick, B. & Heineman, D. S. (2012). *Rhetoric online: The politics of new media* (2nd Ed.). New York: Peter Lang.

Zappen, J. P. (2005). Digital rhetoric: Toward an integrated theory. *Technical Communication Quarterly, 14*(3), 319-325.

國家圖書館出版品預行編目資料

數位語藝：理論與實踐／李佩霖，李長潔，沈
孟湄，胡全威，秦琍琍，費翠著；秦琍琍主
編. -- 初版. -- 臺北市：五南圖書出版股
份有限公司, 2021.09
面；　公分
ISBN 978-626-317-006-3（平裝）

1.語藝傳播　2.語言學

541.83　　　　　　　　　　110012058

1ZOT

數位語藝：理論與實踐

主　　編 ― 秦琍琍（434.2）

作　　者 ― 李佩霖、李長潔、沈孟湄、胡全威、
　　　　　　秦琍琍、費翠

發 行 人 ― 楊榮川

總 經 理 ― 楊士清

總 編 輯 ― 楊秀麗

副總編輯 ― 陳念祖

責任編輯 ― 劉芸蓁、李敏華

封面設計 ― 姚孝慈

出 版 者 ― 五南圖書出版股份有限公司

地　　址：106台北市大安區和平東路二段339號4樓

電　　話：(02)2705-5066　　傳　　真：(02)2706-6100

網　　址：https://www.wunan.com.tw

電子郵件：wunan@wunan.com.tw

劃撥帳號：01068953

戶　　名：五南圖書出版股份有限公司

法律顧問　林勝安律師事務所　林勝安律師

出版日期　2021年9月初版一刷

定　　價　新臺幣330元

經典永恆·名著常在

五十週年的獻禮——經典名著文庫

五南，五十年了，半個世紀，人生旅程的一大半，走過來了。

思索著，邁向百年的未來歷程，能為知識界、文化學術界作些什麼？

在速食文化的生態下，有什麼值得讓人雋永品味的？

歷代經典·當今名著，經過時間的洗禮，千錘百鍊，流傳至今，光芒耀人；

不僅使我們能領悟前人的智慧，同時也增深加廣我們思考的深度與視野。

我們決心投入巨資，有計畫的系統梳選，成立「經典名著文庫」，

希望收入古今中外思想性的、充滿睿智與獨見的經典、名著。

這是一項理想性的、永續性的巨大出版工程。

不在意讀者的眾寡，只考慮它的學術價值，力求完整展現先哲思想的軌跡；

為知識界開啟一片智慧之窗，營造一座百花綻放的世界文明公園，

任君遨遊、取菁吸蜜、嘉惠學子！